I0116930

ESSAI

D'UN

GLOSSAIRE DES NOMS TOPOGRAPHIQUES

LES PLUS USITÉS DANS LA

VALLÉE DE CAUTERETS

ET LA

RÉGION MONTAGNEUSE DES HAUTES-PYRÉNÉES

CAUTERETS

THALABOT, LIBRAIRE, 2, PLACE SAINT-MARTIN

1911

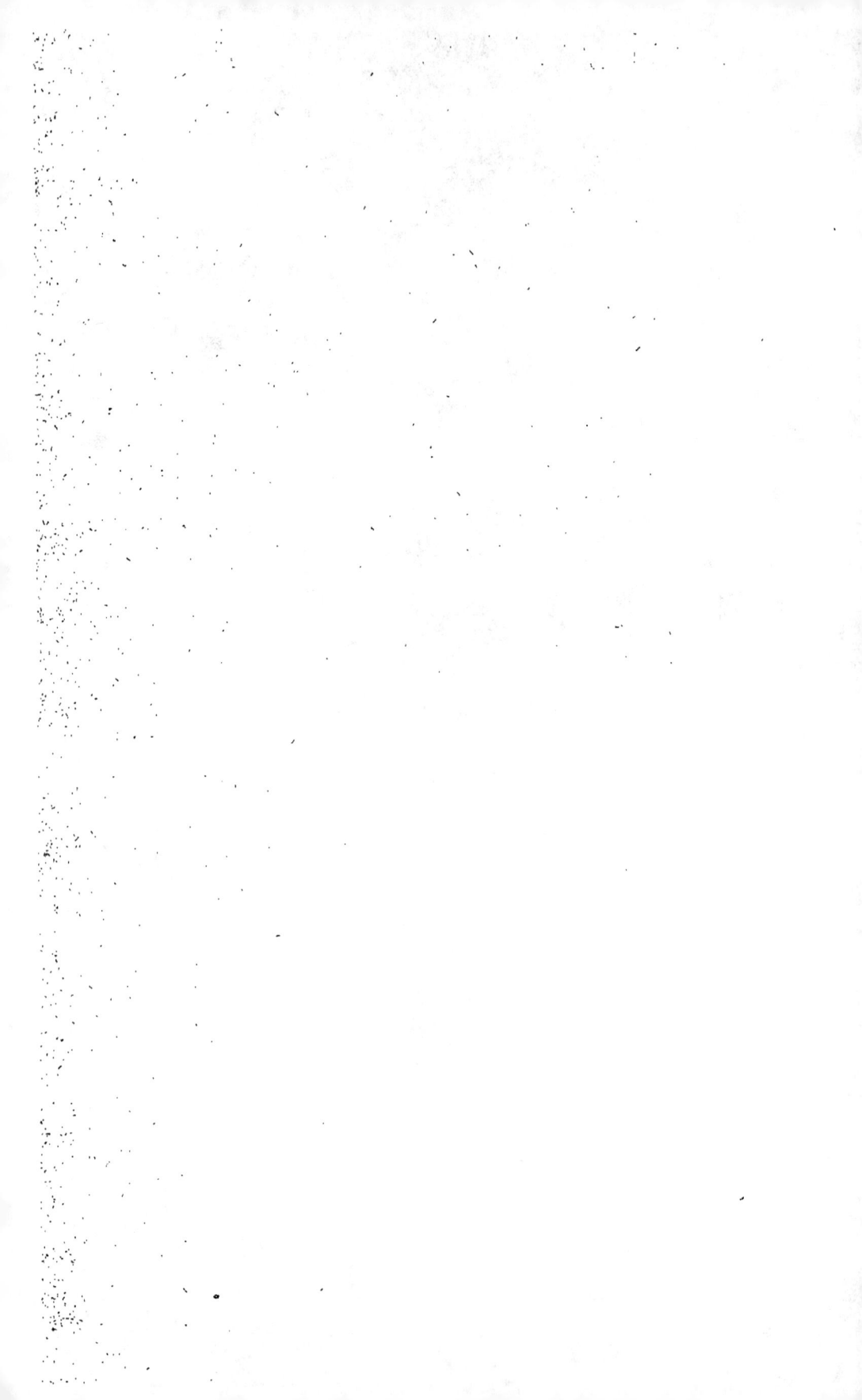

FÉDÉRATION

DES

CIÉTÉS PYRÉNÉISTES

COMMISSION DE TOPONYMIE

ET

DE TOPOGRAPHIE

···

Alphonse **MEILLON**

ESSAI

D'UN

GLOSSAIRE DES NOMS TOPOGRAPHIQUES

LES PLUS USITÉS DANS LA

VALLÉE DE CAUTERETS

ET LA

RÉGION MONTAGNEUSE DES HAUTES-PYRÉNÉES

CAUTERETS

THALABOT, LIBRAIRE, 2, PLACE SAINT-MARTIN

1911

DU MÊME AUTEUR :

Cauterets, *Chasses et Excursions.* — In-12, 1897. — Prix : 1 fr. 50.

Un Raid en Aragon, *Notes de Courses.* — In-8°, 1899 (épuisé).

Les Pierres Saint Martin. — In-8°, 1907. — Prix : 1 fr.

La Copropriété de la Vallée et Établissements Thermaux de Cauterets. — In-4°, 1906.

Esquisse toponymique sur la Vallée de Cauterets. — In-8°, 396 p. 1908. — Prix : 6 f.

En préparation :

Histoire de la Vallée de Cauterets et de l'Abbaye de Saint-Savin.

ESSAI D'UN GLOSSAIRE

des noms Topographiques les plus usités
dans la région montagneuse des Hautes-Pyrénées.

———⊷•⊶———

PRÉFACE

Au Congrès de la *Fédération des Sociétés pyrénéistes*, tenu à Toulouse le 30 Mars 1909, entre autres propositions, nous avons eu l'honneur de soumettre un projet de préparer des *Glossaires topographiques*, pour chacune de nos vallées pyrénéennes et pour les régions voisines.

Autant que possible, ces *Glossaires* devaient correspondre à la division de nos divers parlers locaux. Tel était le corollaire de nos études toponymiques, au double point de vue géographique et philologique.

Aujourd'hui, c'est une première ébauche d'un *Glossaire topographique des Hautes Vallées du département des Hautes-Pyrénées* que nous présentons aux amateurs des recherches linguistiques et aux amis de nos montagnes.

Simple ébauche, disons-nous, car nous ne prétendons pas donner au public, dans ce premier Essai, un travail complet. D'importantes modifications et de nombreux développements devront y être apportés et ajoutés. Le seul mérite peut-être de cet *Essai* sera d'avoir indiqué le sentier aux chercheurs décidés à mener à bien, avec patience et prudence, leurs études toponymiques.

Nous avons été précédés nous-même dans ces travaux par des hommes distingués que nous ne pouvons tous nommer. M. le Colonel de Rochas, M. Jules Ronjat et M. Ferrand, pour les Alpes ; M. Dévoluy, pour le Comté de Nice ; M. Émile Belloc, pour notre région pyrénéenne ; M. l'abbé Marsan, M. Bernard Sarrieu, etc., ont posé les principes et formulé des règles dont nul ne doit se départir.

Nous nous estimerions heureux si nous parvenions à vulgariser quelques-unes de leurs vues. Condenser d'une façon pratique, en les faisant nôtres, les observations répandues çà et là dans leurs brochures ou dans leurs notes, tel est notre but. Nous y joindrons aussi les réflexions que notre propre expérience nous a suggérées, en nous efforçant de les présenter dans un ordre méthodique.

PREMIÈRE PARTIE

---

§ I

Un mot sur les origines de nos noms de lieux.

L'origine des Aquitains et des nombreux petits groupements qui peuplèrent jadis la région comprise, en gros, entre la Garonne et les Pyrénées reste encore couverte de nuages.

Au point de vue ethnographique, l'homogénéité des populations gasconnes n'est point parfaite et l'on y rencontre plusieurs types caractérisés [1]. Toutefois, avant l'époque romaine, l'unité morale de ces régions était déjà faite. De quelle langue y usait-on ? De parlers non purement celtiques, s'il faut en croire les recherches des linguistes sur les plus anciens noms de lieux et sur les noms d'hommes fournis par les plus vieilles inscriptions. Ces parlers étaient fortement mélangés, dans des proportions sans doute variables d'une vallée à l'autre, d'éléments remontant peut-être aux idiomes ibères ou ligures.

---

(1) M. Sarrieu nous signale, d'après les travaux sur nos régions de MM. Collignon, Alex. Bertrand, Cartailhac, etc., trois types caractérisés : 1° *Dolichocéphales*, du Médoc, du Béarn proprement dit et des hautes vallées pyrénéennes, d'Aramitz à Arreau ; 2° *Basques, sous-brachycéphales* (envahisseurs sans doute récents au nord des Pyrénées, plus purs en France qu'en Espagne) ; 3° *Brachycéphales* bruns enfin, du type généralement appelé « celtique ». dominant dans le Couserans, le Comminges jusqu'à la vallée de Louron inclusivement, le plateau de Lannemezan, la Bigorre (sauf le Lavedan), le Gers et ses prolongements jusqu'à la Garonne. la plus grande partie des Landes et de la Gironde.

Dès cette époque, les localités d'importance et les principaux accidents de terrain avaient des noms dans ces parlers. Est-il venu s'adjoindre à cette langue préhistorique, par l'Ouest [1] ou par l'Est [2], quelques éléments d'origine hellénique ? La plupart des mots grecs que l'on peut relever dans nos idiomes nous sont arrivés sans doute par les Romains, dont le latin populaire est devenu la substance des langues actuelles de l'Espagne, de la France, etc., du « gascon » par conséquent, dans ses divers dialectes : commingeois, bigourdan ou béarnais. La grande majorité de nos noms de lieux, surtout des lieux d'importance secondaire, abordés ou exploités à une date plus récente, ont donc une origine essentiellement latine.

Mais, incorporés aux parlers romans issus du latin, bien des mots primitifs ont dû persister et nous devons retrouver ces fossiles encore vivants dans les noms de lieux principaux. Puis, là-dessus, ont passé les flots des envahisseurs barbares.

Enfin, à côté de ce torrent tumultueux, n'oublions pas ce que l'on pourrait appeler le lent travail d'effritement que subirent dans le courant des âges et des peuples ces formes linguistiques qui allaient s'émoussant et s'altérant de jour en jour.

Si encore elles avaient été fidèlement transmises ! Mais que deviennent-elles, bien souvent, sous la plume des scribes plus ou moins ignorants du Moyen-Age et de la Renaissance ? Ces hommes de Loi ou d'Administration traduisent tant bien que mal, de l'idiome vulgaire, en un latin souvent arbitraire, ou en un roman conventionnel, ou enfin en un français incertain ces débris triturés par tant de siècles et de révolutions.

Sous ces apports historiques, après tous ces broiements, à la suite de ces mélanges et de ces confusions, que reste-t-il

---

(1) S'il faut en croire la thèse, fort discutée, de M. l'abbé J. Espagnolle sur l'existence d'une colonie gréco-dorienne, dans la contrée qui a formé le Béarn. (*L'Origine des Aquitains*, Pau.)

(2) Nombreuses colonies grecques dans les Pyrénées-Orientales.

maintenant en réalité du mot primitif, aquitain, ou roman ? Comment retrouver la racine authentique de l'expression locale usitée aujourd'hui par nos bergers et par nos montagnards ?

Difficile et téméraire entreprise, semble-t-il. Elle est d'autant plus délicate, cette investigation, que des mots disparus depuis longtemps avaient fourni des racines jadis pleines de sens. En tout cas, avec quelle circonspection et quelle indispensable modestie ne faudra-t-il pas procéder ? Toute tranchante assurance serait aussi vaine que déplacée.

De cette première considération ressort la nécessité impérieuse d'une révision de nos noms de lieux, telle qu'elle a été déjà entreprise par notre *Commission de Toponymie et de Topographie pyrénéenne*. Nous comprendrons bientôt la part qui revient à un Glossaire dans cette révision des travestissements inévitables qu'ont revêtus nos expressions topographiques.

***

Qu'est-ce qui a dû se passer dans l'esprit de ceux qui ont éprouvé le besoin de donner un nom aux divers accidents du sol de notre région montagneuse ?

Notons d'abord que les premiers noms appliqués l'ont été aux choses et aux lieux dont les habitants tiraient quelque utilité. Les premiers désignés furent les objets usuels, cela va sans dire : armes de guerre, instruments frustes de la chasse, de la pêche, de la culture ; ustensiles grossiers de la hutte ou de la cabane ; animaux sauvages et domestiqués.

Quand les naturels du pays furent obligés d'identifier les lieux familiers, ils ne dénommèrent d'abord que les vallons facilement défrichables, les pentes des montagnes où ils trouvaient des pâturages, les bois où ils chassaient leur gibier, les cours d'eau où ils pêchaient leur nourriture, les avalanches ou les torrents qui dévastaient leurs misérables habitations ou cultures, les principaux et gigantesques sommets ou les impénétrables forêts qui les glaçaient d'une terreur superstitieuse.

Et encore, parmi ces noms, les seuls qui soient parvenus jusqu'à nous plus ou moins estropiés sont ceux des régions déjà un peu civilisées, c'est-à-dire en relation plus ou moins suivie avec les populations d'alentour. Nous ne savons rien des lieux habités par des groupements restés trop isolés. Les formes des noms que nous possédons sont donc celles qu'employaient des hommes déjà relativement avancés dans la culture intellectuelle.

Ne croyez pas non plus que les pics perdus dans les neiges éternelles, que les flancs arides et dévastés de la montagne mystérieuse et redoutée aient donné leur nom aux pâturages paisibles et utiles suspendus à leurs pentes accessibles ou abrités à leurs pieds. Au contraire, c'est de ces pâturages exploités par l'homme qu'est venu le nom imposé plus tard aux sommets et aux sites pleins d'attirance pour nous, touristes, mais pratiquement indifférents aux autochtones, bergers ou agriculteurs.

Enfin, les désignations qu'il fallut trouver et appliquer ne furent pas très nombreuses. Tous les accidents du sol de même nature furent désignés d'un seul mot général, toujours le même dans le même lieu. C'est que, comme les enfants, les peuples primitifs adoptent constamment la même expression pour désigner le même groupe de sensations. D'où tireraient-ils une richesse de langage qui est le produit d'une civilisation prolongée ?

⁂

Quant aux différenciations de détail, d'où proviennent-elles ?

Ici nous devons poser un principe dont il est facile de vérifier l'application.

Tout nom de lieu, né de l'imagination populaire, exprime une impression simple et forte des sens, vérifiable encore aujourd'hui la plupart du temps, puisqu'elle tombe sous l'expérience sensible.

Oui, entre les lieux et les noms populaires qui les désignent, existe une harmonie profonde. Même à travers l'interprétation latine que reflète plus ou moins notre langue locale, il est possible de reconnaître l'une des sensations primitives qui a dicté la désignation.

Comment procédèrent nos ancêtres montagnards ? En communion constante avec la nature, leurs cerveaux sont frappés par les images multiples qu'elle éveille chez eux. De même que le mot ne *définit* jamais complètement la chose désignée, n'en explique pas non plus la nature essentielle, mais se contente, par une qualité mise en saillie, d'en rappeler l'image totale, ainsi les noms des lieux ne nous révèlent pas parfaitement l'aspect de ces lieux, mais un côté caractéristique seulement de cet aspect, de cette nature. A l'aide de ce trait saillant, si incomplet soit-il, le lieu est nommé par les premiers habitants et son souvenir se grave dans les mémoires.

Or, qu'est-ce qui impressionnait ces premiers hommes ? Etait-ce la nature du sol ? Un peu, mais surtout les avantages que celui-ci leur assurait. La couleur, la configuration générale, l'orientation ou la pente du rocher ; le vent ou la bise âpre qui enveloppe certains sommets ; la hauteur qui ressemble à un tas de foin, ou la bosse qui attire l'œil ; le pâturage si précieux aux pasteurs ; le gai soleil réchauffant de larges emplacements ; la végétation, la sombre forêt accrochée sur le flanc du géant des rochers ; les éboulis qui dévalent au fond du torrent ; la calvitie des crêtes, leur mâchoire édentée ou leurs parois friables ; les plus anciens propriétaires, possesseurs du sol ; la divinité à laquelle était consacrée le lieu en question : la rencontre fortuite ou habituelle de certains animaux ou oiseaux: en un mot, ce qui subjuguait l'imagination simpliste de l'homme des montagnes, toutes ces particularités se sont imposées aux sens de nos ancêtres dans tout leur puissant éveil. Elles ont provoqué leurs impressions morales si rudimentaires et sont devenues la source des premiers noms.

Voilà comment aux mots génériques qui englobaient des catégories entières d'accidents du sol sont venus s'ajouter des qualificatifs à la portée de ces hommes primitifs, quoi-

que témoignant souvent d'un esprit d'observation assez déve-
loppé. Parfois le mot générique a disparu et seul est resté le
nom du détail caractéristique. Voici quelques exemples tirés
de notre parler local :

Mont noir, *Mount nè* ; mont aigu, *Mount agut* ; monticule,
mamelon chauve, dénudé, *Pouéy caub* ; rocher blanc, *Pénc
blanque* ; pierre ronde, *Pèyre ardoune* ; raillère rouge,
Arralhè arrouy ; vallée trouée, *Bat houradade* ; mauvaise
vallée, *Bat male* ; eau rouge, rouillée, source ferrugineuse,
Aygue rouye ; ruisseau tortueux, *Arriu tòrt* ; ruisseau mauvais, *Arriu mau ;* haut pâturage d'été, *Estibe haute* ; avalanche étendue, *Lit lade ;* versant, quartier couvert de bruyères,
broussailleux, *Sarrat broucous*, etc.

Les souvenirs historiques et les événements dramatiques
n'ont pas eu d'influence appréciable dans nos régions.

D'aileurs, tous les points de nos vallées ou de nos Monts
ne furent pas désignés pendant de longs siècles. A l'absence
de sentiers, il faut ajouter l'accès impraticable d'un grand
nombre de lieux qui, de ce fait, sont pour ainsi dire restés
fort longtemps vierges de traces et de désignations humai-
nes.

Puis, selon l'aspect qu'elle présentait à leurs regards, la
même montagne a reçu des noms différents de la part des
habitants des vallées limitrophes, chose aisément compré-
hensible.

De cet ensemble d'observations résulte une seconde règle :
*tout nom de lieu avait à l'origine une signification claire et
précise tirée de sa forme, de sa situation ou d'éléments plus
particuliers, tels que ceux que nous venons d'indiquer.*

La recherche des formes d'abord, puis des étymologies
qui permettent souvent de rétablir les formes altérées et de
les écrire correctement, *est donc subordonnée à la décou-
verte du sens des expressions toponymiques.* La foule des
mots qui ne sonnent plus à nos oreilles que comme vides de
sens parlaient alors un langage énergique et pittoresque à
l'esprit de ceux qui s'en servaient.

§ II

Importance du dialecte local. — Autres sources.

Mais comment nous sont-elles parvenues ces traces d'une mentalité rudimentaire ? Tous ces débris d'idiomes archaïques ensevelis sous les éboulements des races se trouvent aujourd'hui enveloppés sous le langage local, qui s'altère de jour en jour davantage.

Il importe donc de bien connaître ces parlers pyrénéens, avant de noter ces expressions géographiques.

On sait que les patois de France, bien loin de n'être qu'une simple corruption et par conséquent une caricature du *français*, — comme des ignorants se le sont figuré, — sont au contraire de *véritables langues*.

Aussi vieux que le *français*, ils plongent comme lui leurs racines dans un sol commun : la *lingua rustica* des campagnes, des rues et des boutiques de l'Italie romaine. Dès le premier siècle de notre ère se forma dans les Gaules la langue *romane*, sous la triple influence militaire, politique et religieuse de l'administration de Rome, des coutumes locales, du christianisme naissant. Au même titre que le *français* qui n'est que l'un des dialectes de la *langue d'oïl*, nos parlers gascons, béarnais, bigourdans qui appartiennent à la *langue d'oc* représentent des dialectes particuliers à leurs régions respectives. Quant au *basque*, il est, plus encore que le *breton*, une langue véritable, et d'origine, non seulement non latine, mais même non aryenne, contrairement aux idiomes celtiques.

N'est-ce pas dans nos milieux montagnards que se conservent le mieux jusqu'ici ces parlers de nos pères, qui vont, hélas ! se francisant de plus en plus ? Déjà chez nos compatriotes eux-mêmes l'oubli commence des anciens noms locaux servant à désigner les choses de la nature ou les êtres. Hâtons-nous de fixer ces vestiges linguistiques encore vivants parmi nous, mais dont un grand nombre tombe tous les jours en poussière sous nos yeux.

Ne croyons pas cependant à la disparition prochaine et totale de notre parler local bigourdan. Que de siècles ne faudra-t-il pas pour l'arracher définitivement du sol qui l'a vu naître ! L'arome pénétrant de ce langage ne s'évaporera pas en une génération. Il fait pour ainsi dire partie de l'air vivifiant que l'on respire sur les hauteurs. Dans l'atmosphère surchauffée des villes il semble fondre au contact de tant d'éléments étrangers, mais dans le milieu natal il se reforme sans cesse et, comme nos neiges éternelles, il alimente constamment de nouveaux filons.

En tout cas, il importe de noter avec un soin extrême ces formes vigoureuses et significatives, d'autant plus précieuses qu'elles se sont perpétuées de génération en génération sur leur sol naturel. Elles restent les meilleurs témoins de la langue du passé. Grâce à leur intermédiaire nécessaire, aucune solution de continuité ne se glisse entre nos expressions modernes et les mots-types dont elles dérivent.

Oui, à l'aide de ces produits du terroir, nous obtiendrons de véritables définitions des choses et des lieux. Et combien savoureuses et concises ! Pour les rendre en français, que de périphrases froides et embarrassées qui bégaient si mal ce que le parler pyrénéen alerte et expressif chante si bien !

⁎⁎⁎

A cette source toujours jaillissante, il est indispensable d'ajouter d'autres documents. Je veux parler des Archives communales et départementales : livres terriers et censiers ; chartes de coutumes, titres de donations, d'inféodation, de vente, sentences arbitrales ; dénombrements qui contiennent les limites des territoires communaux, généralement formées par les crêtes, les pics, les ruisseaux et qu'il faut rapprocher des limites des communes limitrophes ; cahiers des dîmes ; glossaires du moyen âge, mappes cadastrales, anciennes cartes de Roussel, de Cassini et autres ; toutes ces archives de la langue locale à travers les siècles sont autant de témoins de premier ordre. Négliger de les consulter serait se condamner à ne pas savoir et à ne pas dire toute la vérité.

Certes, pour interroger ces documents tant anciens que modernes, les chercheurs devront user d'une grande circonspection, car les erreurs et les fantaisies des scribes ou des auteurs défigurent bien souvent la terminologie locale. Marcher d'un pas sûr dans ces ténèbres n'est point facile. Il sera bon de procéder par approximations successives et, courageusement, quand l'évidence s'imposera, nous devrons revenir sur une méprise involontaire.

Le toponymiste, en effet, est homme de patience, de prudence et de renoncement. Mais ces documents nous prêteront une aide efficace pour suivre pas à pas les transformations successives d'un même mot. Ils nous feront mieux comprendre les origines de la dénomination indigène actuelle. A cette condition seule s'obtiendra la connaissance exacte et deviendra possible la rectification des noms de lieux. On a parlé avec raison du « chiendent de l'erreur », indéracinable. Pour l'extirper, il ne faut pas moins que ce labour profond dans le sol primitif. Nous ne rétablirons qu'à ce prix la pureté des expressions de notre langue terrienne.

§ III

De l'utilité d'un Glossaire.

Est-ce que l'utilité d'un Glossaire n'est pas déjà, sinon démontrée, du moins facile à entrevoir après les considérations qui précèdent ?

En somme, que venons-nous d'ébaucher ? L'historique de la formation même de notre dialecte montagnard. Par ce que nous avons dit, on peut deviner notre méthode.

Les noms propres, répète la paresse, n'ont pas d'orthographe. Par noms propres, on entend naturellement aussi les noms de lieux. Eh bien, un Glossaire a pour but de rétablir l'orthographe en expliquant la forme et la signification des mots. Prétendre que les noms propres, en particulier les noms de lieux, s'écrivent comme l'ignorance seule le permet, c'est prouver que l'on ne sait rien de l'origine de ces mots et de la manière dont ils se sont formés.

Bien loin d'être de fabrication fantaisiste, les éléments qui les composent appartiennent à des langues ou à des dialectes régis par des règles fixes. De plus, ces éléments ont toujours un sens, connu ou inconnu. Etablir exactement cette forme et cette signification, telle est la première tâche d'un toponymiste et la première utilité d'un Glossaire. Un Glossaire permet donc en quelque sorte de refaire l'état civil de nos noms de lieux et par conséquent de nos montagnes.

Il offre encore l'avantage de conserver beaucoup de noms qui ne figurent pas dans les cartes. Que de lacunes dans ces travaux, d'ailleurs si remarquables, mais souvent à trop petite échelle ! Combien de ruisseaux, de lacs, de sources, de passages, de vallons sont passés sous silence et qu'il importe de ne pas oublier ! Les sauver de l'oubli est plus qu'un plaisir pour notre patriotisme local ; n'est-ce pas aider à comprendre d'autres expressions de la même famille ?

Supposons que dans toutes les Pyrénées, par exemple, ou même dans tous les pays de langue romane, on procède à la rédaction de Glossaires locaux. Qui ne saisirait l'importance d'un pareil travail ? Patiemment amassées, ces collections de termes topographiques permettraient de composer un Dictionnaire général dont les services ne sauraient être énumérés ici. Non seulement notre région, mais tous les pays latins y puiseraient des trésors de renseignements.

En résumé, en nous attachant à recueillir les mots qui servent à exprimer la configuration générale du terrain, avec ses divers accidents essentiels, — ce qui est notre but dans cet *Essai*, — nous sommes sûrs d'obtenir les résultats suivants :

1° Nous grouperons les termes de l'usage le plus courant dans la partie de pays étudié ;

2° Nous découvrirons les idées simples qui ont présidé partout à la formation des appellations géographiques ;

3° Nous aiderons très souvent à jeter un jour réel sur le langage de la vallée voisine et parfois sur celui d'une région plus éloignée ;

4° Nous risquerons de découvrir les débris de la langue du peuple le plus ancien dont s'est perpétué le souvenir dans ces lieux et qui a étendu son pouvoir politique sur la plus grande partie de la région qui nous intéresse ;

5° En formant un recueil de ces mots généraux ou particuliers, employés parfois pour désigner les mêmes choses, nous abrégerons et faciliterons les recherches de tous ceux qui s'intéressent à la toponymie. Si nous parvenions à fixer leur transcription, quel progrès ne ferions-nous pas réaliser à la notation correcte de nos cartes pyrénéennes ?

6° Nous retrouverons un résidu de mots rares, souvent incompréhensibles et partant inexplicables. Ces expressions représentent les restes vénérables de termes disparus ou des déformations séculaires que des découvertes ultérieures parviendront peut-être à expliquer. En attendant, il sera bon de les conserver intacts sous leur forme actuelle.

Est-ce aux seuls toponymistes que servira un Glossaire ? Tous ceux qui se sont occupés de ce genre de travail ont montré que son utilité s'étendait bien au delà du cercle étroit de ces spécialistes. Au géologue, au botaniste, à l'ingénieur, à l'officier, à l'historien, au simple touriste, il fournira des indications et des moyens d'investigation nullement négligeables. Dans les régions frontières, un tel Glossaire permettra de fixer la ligne de démarcation linguistique qui sépare les peuples mieux que de hautes montagnes ou que des bornes fantaisistes. Si l'épée trace brutalement les limites politiques, qui, mieux que le dialecte local, en révèlera la réalité historique ?

Animé de cette conviction, je me suis rangé à l'avis de M. le Colonel de Rochas, l'un des premiers protagonistes de la science toponymique [1], qui déclarait que : « La comparaison des noms de lieux entre eux et avec un glossaire topographique est le procédé rationnel pour arriver à déterminer le sens de la plupart des noms et les formes diverses qu'ils affectent suivant les contrées où ils sont employés. »

Y a-t-il recherche plus intéressante ? Là où le profane redouterait l'aridité du désert, c'est une source d'eau vive qui sort tout à coup du rocher le plus sec en apparence. Du mot

---

(1) *De l'Utilité d'un Glossaire topographique*, Grenoble, 1874, p. 23.

mort jaillit la vie de tout un passé et de lui émane le parfum encore perceptible d'une humanité déjà raffinée, si nous la comparons aux vaincus qu'elle a remplacés dans nos montagnes alors hérissées de forêts et peuplées d'animaux sauvages.

§ IV

Quelques règles.

Notre but est de donner le sens exact, l'orthographe, la prononciation et les variantes des mots les plus usités dans les cartes, mots qui entrent par conséquent dans la formation de la plus grande partie des noms de lieux.

Dans ce modeste Glossaire on apprendra la manière de bien orthographier les termes de notre géographie pyrénéenne. Ainsi on n'écrira plus : pour ruisseau, *arriou*, mais *arriu ; nèou* pour neige, mais *nèu ; mail* pour rocher, mais *malh*, etc.

A cet effet, il nous paraît utile, quoique nous les ayions déjà indiquées en partie, de grouper ici les quelques règles essentielles qu'il faut toujours avoir présentes quand on inscrit un nom dans un *Glossaire topographique :*

1° Connaître à fond le dialecte local est le premier devoir du toponymiste, afin de pouvoir bien saisir *la forme* des mots locaux.

2° Tout nom de lieu est ou a été significatif.

3° Il est donc indispensable de chercher *avant tout* sa signification exacte.

4° On doit vérifier attentivement sur place si la signification présumée se rapporte à la situation locale.

5° Les transcriptions successives du mot seront contrôlées et comparées entre elles dans les documents anciens et les glossaires dont nous avons parlé plus haut (voir p. 8).

Quand il s'agira d'*écrire* ce terme, il faudra :

1° Employer seulement l'orthographe dialectale moderne. Dans chaque région les spécialistes les plus compétents fixeront les formes locales à adopter, les formes régulières et actuelles.

2° Utiliser les formes d'articles le plus couramment usitées dans chaque région ou vallée.

3° Respecter jusqu'à nouvel ordre les noms dont la signification sera inconnue ou incertaine.

4° Respecter les noms corrects, écrits avec des formes orthographiques anciennes.

5° Laisser tels quels les noms de cantons, de communes, de hameaux, de quartiers, etc., qui peuvent être considérés comme des désignations administratives et, par conséquent, officielles. Cette règle s'adapte surtout à la notation des cartes. D'ailleurs, dans un glossaire, à côté de l'orthographe vicieuse officielle, on rétablira toujours la véritable.

On corrigera ainsi tous les noms de lieux dont la signification sera non seulement établie linguistiquement, mais contrôlée sur les lieux mêmes.

Au sujet des pléonasmes parfois inévitables, par exemple : *la Vallée de Bat Laytouse*, *Ruisseau de Rieu majou*, *la Vallée de la Bat de Bun*, *Port du Portillon*, etc., on s'efforcera d'en limiter le nombre. Il y aura lieu de distinguer si l'expression dialectale est considérée comme un nom commun, et, dans ce cas, il n'y a qu'à éviter le pléonasme en écrivant simplement la forme dialectale. Exemple : *les Gourgs blancs* (lacs). Ou bien cette expression dialectale est envisagée comme nom propre ; alors on peut la transcrire en la faisant précéder de la désignation voulue. Exemple : Pic des *Gourgs blancs*. (Pic des lacs blancs.)

§ V

Notre but.

Nous avons pensé qu'il était préférable de dresser ce premier *Essai de Glossaire topographique* de la région montagneuse des Hautes Pyrénées, d'une manière aussi complète que possible, en nous bornant aux expressions principales et en nous limitant à une région très restreinte.

2.

Les toponymistes des vallées voisines complèteront ces premières données et y ajouteront leurs variantes.

En parcourant ce *Glossaire*, on reconnaîtra vite et des formes identiques à celles qui sont en usage dans les pays environnants, et des variantes qui proviennent de la diversité des dialectes, de la différence de la prononciation, aussi bien que de la richesse de la langue du terroir.

Après avoir achevé mon recueil personnel, je l'ai communiqué, afin qu'ils le complètent et le contrôlent : pour la vallée d'Azun, à M. Camélat, d'Arrens ; pour la vallée d'Aure, à M. l'abbé Marsan, de Saint-Lary ; pour la vallée de Barège, à M. Rondou, de Gèdre ; et pour l'ensemble du travail, à M. Simin Palay, de Pau. MM. J. Soulé-Venture et B. Sarrieu nous ont fourni de nombreux renseignements pour l'emploi des articles ; M. Sarrieu m'a fait d'érudites observations dont j'ai profité. Enfin je dois à la haute compétence de M. Bourciez, Professeur à l'Université de Bordeaux, des conseils très pratiques. Grâce au concours qui m'a été si utile de ces collaborateurs, ce premier travail a pu être mis au point. C'est au *Dictionnaire Béarnais*, par MM. Lespy et Raymond (Montpellier, 1887), que j'ai emprunté les expressions topographiques qui pouvaient compléter mes propres recherches [1].

En même temps que j'ai essayé de rendre plus facile la tâche de ceux qui tentent de corriger la toponymie pyrénéenne, j'ai eu pour dessein d'abréger les efforts que nécessitent la lecture et la prononciation de notre terminologie locale. Si on observe les règles dont je donne un résumé dans la *Seconde Partie* de cette préface, on verra se réduire à peu de chose la peine que nous allons imposer à nos lecteurs.

---

(1) J'ai consulté aussi et mis à profit l'excellente brochure de M. E. BELLOC, sur les *Déformations des noms de lieux pyrénéens*. Paris, 1907. Impr. Nat.

DEUXIÈME PARTIE

§ I

Transcription en français des dénominations locales.

Nous voici en présence des nécessités de deux langues : la langue d'oc et le français. Impossible de ne pas compter avec les usages établis. Qui ne comprendrait la délicatesse de la tâche à remplir ici ? Le mieux ne serait-il pas de transcrire les noms de lieux tels que les écrivent les nationaux ?

Rien n'empêcherait de faire suivre la forme locale directe, en langue d'oc, béarnaise, bigourdane ou commingeoise, de sa transcription française. Toutefois on peut craindre que ce système ne charge les cartes et les monographies. Dans ce cas, on sera obligé de se contenter souvent pour les lieux importants de la transcription française.

Comment n'hésiterions-nous pas dans cette transcription de nos termes locaux ? L'usage souverain est si capricieux et remonte à des époques si diverses qu'il y aura toujours de l'incohérence dans cette translation.

Nous ne parviendrons à atteindre une régularité parfaite que dans la notation des termes locaux en *langue d'oc*, leur véritable langue maternelle. Le plus grand soin et la plus grande précision doivent donc être apportés à ce travail, en basque, en gascon (béarnais, bigourdan, commingeois, couserannais), en languedocien, en catalan, etc. Là se trouvera une base solide pour établir une forme sûre, car, quels que soient les flottements de la transcription en français, la notation du terme local aura une valeur absolument scientifique, fondement de tout le reste.

1° Orthographe à employer.

Rien n'autorise à altérer l'orthographe locale des noms de lieux pour la mettre d'accord avec les lois de la phonétique d'une autre région.

Nous avons proposé d'écrire les dénominations locales en langue d'oc, suivant les règles des *Ecoles Félibréennes*. Si leur accord n'est pas absolument unanime, l'immense majorité des Félibres tiennent cependant pour acquis un certain nombre de points.

Tels sont, par exemple, *au* pour *aou*, *ay* pour *aï*, etc. Les divergences sont peu nombreuses, mais entrons dans le détail et indiquons la notation pour laquelle nous croyons devoir opter.

2° Les voyelles et leur accentuation.

Règle générale : On accentue d'après la prononciation.

Il s'agit de noter deux genres de nuances :

1° Le caractère *fermé* ou *ouvert* de la voyelle.

2° Son caractère *atone* ou *tonique*.

En tout, quatre combinaisons : fermée atone, ouverte atone, fermée tonique, ouverte tonique.

1° Les voyelles *atones*, qu'elles soient fermées ou ouvertes, ne seront marquées *par aucun accent* [1].

2° Seul l'accent *tonique* prendra un signe :

a) Les voyelles toniques *fermées á, é, i, ó, ú*, seront marquées *par l'accent aigu* (ainsi procèdent l'espagnol, le catalan, le latin accentué des missels, le grec, etc.).

Exemple : *Agulhéte, Barén, Barédyc. Biélhe*, etc. [2]

---

(1) Il pourra être parfois nécessaire de mettre un accent aigu sur une atone fermée, non finale, si on craint de la voir prononcer comme un e muet. Ex. : *Estélat*, et non *Estelat*.

(2) On pourrait peut-être se dispenser d'accentuer les o ouverts toniques et les toniques fermées, lorsqu'il ne saurait y avoir d'incertitude à l'égard du timbre et de la tonicité. Ex. : *Agalorce* ; inutile d'écrire *Agalòrce* ; *Agulhou* ; inutile d'écrire *Agulhoú*.

b) Seules les voyelles *è*, *ò*, toniques *ouvertes* se marqueront par *l'accent grave*. Exemple : *Nèu, Agalère, Bòlou*.

Telle est la transcription pratique qui nous paraît la meilleure [1].

3° Valeur et prononciation des lettres.

En principe, toutes les lettres se prononcent comme en français. Il y a naturellement des exceptions pour certaines lettres et groupes de lettres.

— A —

En béarnais, l'*a* final était articulé :

a) Avec un son fort, comme dans *cla* (prononcez *clà*).

b) Avec un son peu sensible, adouci, faible. Exemple : *terra*, terre ; *pèyra*, pierre. D'où *tèrra* devenu *tèrre*, et *pèyra pèyre*.

A final atone peut donc être noté *e*, sauf dans les régions qui prononcent encore *a* ou *o*.

Au pluriel nous trouvons les deux formes *as*, *es*. Exemple : *causas, terres*. Le singulier *a* et le pluriel *es* se trouvent dans plusieurs vallées.

Dans la Haute Barousse (dialecte de Ferrère), ainsi que dans la vallée d'Aure, l'*a* final atone se prononce entre *a* et *e*, la bouche presque fermée. Dans certains quartiers, cet *a* vaut presque *è* [2].

Ar initial doit aussi être conservé là où il est d'usage attesté. (*Arribère*, par exemple au lieu de *Ribère*).

---

(1) S'il s'agissait d'une *notation scientifique* de ces nuances, on pourrait marquer par un accent grave les voyelles *ouvertes* et par un accent aigu les *toniques*. Les voyelles qui seraient à la fois *ouvertes et toniques* porteraient l'accent circonflexe (combinaison des deux précédentes). Celles qui seraient à la fois *fermées et atones* ne porteraient aucun accent. Mais cette notation nous paraît trop compliquée pour être proposée.

L'accent circonflexe pourrait servir à surmonter les voyelles que suivait jadis un *n*, si la nasalisation de la voyelle est encore un peu sensible. Ex. : *Azû, Campâ*.

(2) *Origine* : *a* latin a donné *a*, sauf à la finale ou à la contre finale. Là on trouve, suivant les cas, d'abord *a*, puis plus récemment *o*, *ou*, *e*.

æ latin a donné *è* ouvert. Ex. : *cælum, cèu*, « ciel ».

— B ET V —

Il est probable que dans nos régions le *V* s'est de très bonne heure prononcé *b* (*v* bilabial).

Le *b* local doit être respecté. Pourtant le *v* existe souvent dans des transcriptions usuelles. Exemple : *Vénasque*, ou *Benasc* (étymologie : *Vindascum*) ; *Bielle* et *Vielle*, etc. Donc mettre *b* si on prononce *b*, et *v* si on prononce *v* [1].

— C —

C est toujours dur à la finale : *arroc, terruc*. Devant *e* et *i*, le *c* remplace le *t* qui prend en français le son sifflant.

— CH —

Ch se prononce comme en français. (Voir **X**.) *Tch* s'écrit *tch*. (Voir la finale *Tch*, page 27, note 2.)

— Dz —

La prononciation locale *dz* sera transcrite telle quelle.

— E —

E se prononce *é* sans prendre d'accent à l'atone. A la tonique, on devra l'écrire *é* ou *è* suivant qu'il est fermé ou ouvert [2].

A la fin de quelques mots où il remplace l'*a* final féminin, il a le son sourd de l'*e* muet se rapprochant de l'*o*. L'*o* peu sensible en béarnais est plus fort en Languedoc et le dialecte se distingue par le plus ou moins de sonorité.

---

(1) Dans la Haute Barousse (Hautes-Pyr.), dialecte de Ferrère, le *v* est substitué au *b* chaque fois que celui-ci est précédé d'une voyelle ou d'une diphtongue. Ex : *Cinc boutélhas de vin ; De voun bin* (du bon vin) ; ainsi qu'après les trois consonnes L, R, S.

(2) L'*e* final atone peut être noté *e*, sans accent, sauf si les dialectes l'ont rendu tonique. Ex. : *Sescués*. Traduction franç. : *Sescoués* (et non *Sescoues*).

Origine : L'*e* bref latin a donné *é* ouvert. Ex. : *Terra, tèrro*, etc.

L'*e* long latin a donné *é* fermé. Ex. : *Plénum, plén, plé*, « plein ».

— ET —

La terminaison *et* se prononce aujourd'hui en français avec *è* ouvert (*volet*, prononcez *volè*) ; mais elle correspond à notre terminaison (ordinairement diminutive) *ét* qui se prononce avec un *é* fermé. Exemple : *Bounét*, bonnet ; *carréte*, charrette.

— F —

F initial ou médial se prononce généralement aujourd'hui *h* [1]. On le remplacera donc par *h*, dans les termes locaux, sauf là où l'on entendra nettement un *f*.

— G —

Dans la vallée d'Aure, le G initial ne se prononce pas dans certains mots. Exemple : *Gouaux*, se dit : *Ouaux*.

— I ET Y —

L'*I* tonique ne présente aucune difficulté.

Si la finale atone est *i*, il faut accentuer la syllabe précédente. Exemple : *Gèri*.

I après une voyelle ne se fond jamais avec elle comme en français. Chaque lettre se prononce séparément, comme, en français, dans *A-ie* (interjection) ou dans *langue d'Oïl*.

Y après une voyelle se prononce *i* ; jamais, par exemple, *ay* ne se prononce *è* ouvert, mais *a-i*, en une seule diphtongue dont le son mouillé ressemble à celui qu'on entend dans *théière* (té-yè-re). Chaque lettre reste distincte. Exemple : *Laytous*, se lit *la-i-tous*, et non *létous* ; *aygue* se lit *a-i-gue*, et non *ègue* [2].

---

(1) Dans les régions où *f* est passé à *h*, il est certain que dans les anciens textes, on écrivait *f* quand déjà on prononçait *h*. Dans le Gers, pourtant, *Flourenço* ne s'est jamais prononcé *Hlourenço*.

(2) Toutes les Ecoles Félibréennes écrivent *ai* ou *ay*, et non *aï*, sauf si *aï* donne deux syllabes. Ex. : *Pai* (ou *Pay*) ; *aima* (ou *ayma*).

Origine : L'*i* bref latin a donné *é* fermé. Ex. : *Pinna*, *péne*, « rocher ».

L'*i* long latin a donné *i*. Ex. : *Vinum*, *bin*, *bi*, « vin ».

— J —

J se prononce comme en français. Quand *j* se prononce **y**, il faut l'écrire de même. Ecrivez *Yer* si vous prononcez *Yer*, et *Jer* si vous dites *Jer*.

La prononciation locale *dj* ou *dy* doit être indiquée telle quelle.

— LH —

Lh remplace *ll* mouillés. On ne doit jamais le remplacer par *ll*, parce que *ll* en gascon (béarnais, etc.) doit être réservé pour noter deux *ll* consécutifs, se prononçant détachés l'un de l'autre, comme dans le français rebel-le, col-le. Exemple : *Biélhe, Sernélhe* [1].

— NH —

Nh se prononce comme *GN* français. Dans les anciens textes, *nh* notait l'*n* mouillé. Exemple : *Mountanhe*. Nous l'adoptons de préférence à *gn*, forme admise cependant par la plupart des Sociétés félibréennes. Exemple : *Mountagne*.

— N —

N a deux valeurs : il est guttural ou dental, mais s'écrit *n*.

1° *Guttural*, il a la valeur de l'*n* gascon (provençal, espagnol, etc.) devant les lettres G, C (durs), K, Q. Exemple : *Téngue*, tenir ; *ancra*, ancrer ; *blanc*, blanc. Nous l'écrivons *n*. Exemple : *Boun, Campan*.

2° *Dental*, *n* s'écrira également *n*, c'est sa seule valeur à la finale dans les parlers qui, comme presque tous ceux des Hautes-Pyrénées, laissent tomber l'*n* dans des mots comme *bon, pa, bi, u*.

---

(1) L'accord des *Ecoles Félibréennes* est complet au sujet de *lh* représentant *ll* mouillés. Ex. : *Balha, palha, abelhe*. Il faut donc conserver ce signe *lh*. De même pour *lh* représentant *l* mouillé, sinon pour *nh*.

— O —

Dans le corps des mots, l'*o* sonne :

1° Comme l'*o* français dans *porte*. Exemple : *Bòrde*, grange ; *Còste*, côte.

2° Comme *ou* français. Ce son était le plus général. Il est passé dans l'orthographe moderne pour rendre la valeur de l'*o* béarnais des anciens textes.

Il faut écrire *o* si on prononce *o* et *ou* si on dit *ou*. Exemple : *Soum, crouts* [1].

— R —

R est très doux entre deux voyelles. Quand *r* est fort, il faut le redoubler, sauf à l'initiale. Ecrire *Riu* ou *Arriù* selon la prononciation locale du mot isolé.

— S —

S est dur à la finale, ainsi que dans le corps des mots, après une consonne ; mais doux entre deux voyelles et devant une consonne douce [2].

— T —

T vaut toujours *t*. N'a jamais la valeur de *s* ou de *ç*. Il est également dur à la finale. Donc écrire : *atenciou, admiraciou.*

Les groupes qui se prononcent *ts* doivent être notés *ts*.

---

(1) *Origine* : L'ò bref latin a donné ò ouvert. Ex. : *Sortem, sòrt.* L'o long et l'u bref avaient donné dans l'ancienne langue *o* fermé, passé depuis à *ou.* Ex. : *Sonum, soun ; turrem, tour.*

Les nasales ont exercé parfois une influence. Ex. : *Pontem* donne *pònt* ici, et là *pount ; bonum, bòn* (provençal), *boun* ou *bou.*

(2) Dans la Haute Barousse, dialecte de Ferrère, *s* se change en *y* devant les consonnes douces V, D, G, J, L, M, N, *deymentit* pour *desmentit,* « démentir » ; *ey coulurs,* « les voleurs » ; *ey loups,* « les loups ».

— U —

U entre deux consonnes se prononce comme l'*u* français.
Exemple : *Agut, punte* [1].

U après une voyelle, ou entre deux voyelles, se prononce
ou. Dans les textes, il ne s'écrit jamais *ou*. Exemple : *Nèu*
a le son de *Nèou* (*nè* fort ou faible).

— AU, EU, IU —

Dans ces diphtongues l'*u* a la valeur de *ou* faible. Ne pas
les écrire *a-ou, e-ou, i-ou*.

Toutes les *Ecoles Félibréennes* s'accordent à écrire : *au*
et non *a-ou*. Exemple : *Caut, sauta, mau*, etc. (et non *caout,
saouta, maou* [2]).

Le mot *Riu* (prononcé *riou*) doit s'écrire *Riu* (*i* fort ou
faible). C'est l'*i* qui est la voyelle essentielle et comme l'âme
de la syllabe. La finale *u* est semi-consonne. Donc on ne peut
écrire *riou*, sinon on croirait, avec l'orthographe moderne,
que la voyelle essentielle est *ou* (comme dans *biniou*) et que
l'*i* est semi-consonne, alors que c'est l'inverse.

— OU —

Cette diphtongue se prononce *o-ou*, qu'on écrira *òu* pour
éviter la confusion avec *ou*.

---

(1) *Origine* : U long latin a donné *u* (prononcé *u*, à la française).
Ex. : *Securum, segu*, « sûr » ; *acutum, agut*, « aigu ».

(2) L'*u* dans les diphtongues *au, eu, iu* était prononcé comme le son
français *ou*, ce qui donnait a-ou, e-ou, i-ou. Cependant l'ancienne orthographe conservait l'*u* dans ces diphtongues qu'on écrivait correctement
au, eu, iu. Si parfois ces mêmes diphtongues ont été écrites *aou, eou, iou*,
cette altération de l'ancien usage n'a heureusement pas prévalu. Lespy
avec raison l'a exclue de son lexique béarnais. Comme exemple topique,
citons le mot *Ostau*, prononcé *oustaou* et écrit *oustau*. Il est à remarquer que c'est l'*o* initial seul qui a été remplacé par *ou* et non l'*u* de la
diphtongue finale *au*.

Ou sans accent ni sur l'*o*, ni sur l'*u*, est équivalent de *ou* français.

Ou atone et non final peut redevenir *o* en français. Exemple : *Pourtèt* ; transcription française : *Portèt*.

Mais *ou* tonique doit être conservé. Exemple : *Hount, Soum, Mount*.

Si la finale atone est *ou*, il faut accentuer la syllabe précédente. Exemple : *Herèchou*.

— V (Voir B) —

— X —

X se prononçait autrefois *ch*, orthographe qu'il y a aujourd'hui tout avantage à adopter. Exemple : *Pix*, cascade, se prononce et s'écrit *Pich*.

Nous remplacerons *x* par *ch* quand *x* se prononcera *ch* [1].

FINALES

Les finales *es*, *en*, *os*, *on*, doivent être considérées comme atones. Si elles sont toniques, on les accentue [2].

Aa, *ee*, *ii*, *oo*, pourront être réduits à *une seule* voyelle. Exemple : *Abéda*, et non *abédaa*.

---

(1) Aujourd'hui les *x* des mots français ou savants se prononcent *ts* (ou *dz*). Ex. : *Edzemple*, *Alètsis*. Parfois *x* est réduit à *s* devant certaines consonnes. Ex. : *Estrèt*, « extrait ».

(2) Les finales en *atch* (Haute Barousse, et rive droite de la Garonne) gardent cette finale, lorsque ces mots ne sont suivis d'aucun autre, ou bien lorsqu'ils sont suivis d'une voyelle ou d'une diphtongue. Ex. : *Avatch*, *Sarratch-Uselatch* ; *Et camin dera Vatch*. Dans tous les autres cas, ces mots font *at*. Ex. : *Er'avat de Sost* ; *Er'avat de Harrèra* ; *Sarrat-Cravé*.

Ce qui concerne les finales en *atch* est vrai aussi des finales en *etch*, bref en *tch*, dans toutes les régions qui les connaissent.

Les finales en *tch*, se réduisent devant les consonnes, sauf H, à un *t* qui s'assimile lui-même en général. Telle est la règle qu'on peut formuler.

§ II

Emploi de l'article.

Faut-il se servir des articles français ou de l'une ou de l'autre forme des articles romans ? Doit-on dire : *Pic de*, ou *Pic dera*, ou *Pic de la* ?

On a fait deux propositions :

1° Employer partout l'article français : le, la, les, du, de la, des. Exemple : *Sommet des Agudes, Les Nèus.*

2° Ou bien employer *lou, lous, et, ets,* pour le, les ; *la, las, era, eras,* pour la, les (féminin).

1° Règle essentielle.

On doit respecter autant que possible les formes locales et employer l'article essentiellement usité dans chaque région.

Que chacun se cantonne dans la vallée dont il connaît bien le langage, en étudiant de près la phonétique et la morphologie de cette langue. Cependant, nous jugeons utile de donner quelques indications très générales, en les résumant autant que faire se pourra.

2° Articles suivant les régions.

Il existe actuellement en Gascogne trois articles : le premier, le plus répandu, est l'article *lou, la*, le plus général du reste dans les pays de langue d'oc.

Le second ne se trouve que dans la région orientale (Bas-Comminges, au nord de Cazères et de Barjac, à partir de la vallée de la Gimone). C'est l'article *le, la*, qui est aussi celui de Toulouse, du Pays de Foix, du Castrais et d'une grande partie de l'Aude.

Le troisième enfin, usité dans toutes les Pyrénées gasconnes, jusqu'au Pays Basque (sauf la vallée d'Ossau où

pourtant les trois villages d'Arudy, Castet et Izeste l'emploient), est l'article *et* (*etch, eth*), *era* (*ero, ere*).

Entrons dans quelques brefs détails.

— A —

Plaines et Plateaux de Béarn et Gascogne.

Dans ces régions l'article est généralement *lou, lous, la,
las* (Variante féminine landaise : *le, les,* (*lœ, lœs*). Exemple :
le hémne, la femme.)

Article élidé : à la place de *lou, la* on met *l'* devant les
mots commençant par une voyelle ou un *h* muet.

Article contracté : prépositions qui se contractent avec
l'article :

a	à, dans.
de	de.
enta, ta	pour, à (dans), vers, chez, sur.
sus	sur, dans.
per	par, à travers, au travers de, dans, à cause.
en	sur, *dans.*

D'où LES CONTRACTIONS (AVEC LES FORMES MASCULINES) :

Au	(a lou)	en français :	au.
Aus	(à lous)	—	aux.
Deu, dou	(de lou)	—	du.
Deus, dous	(de lous)	—	des.
Entau, tau	(enta lou)	—	pour le.
Entaus, taus ...	(enta lous)	—	pour les.
Sou, seu, suù ...	(sus lou, lous) ...	—	sur le, les.
Sous, seus, suùs ...			
Pou, peu			
Pous, peus	(per lou, lous) ...	—	par le, les.

— B —

Pyrénées gasconnes.

Toutes les Pyrénées gasconnes (à l'exception de la haute vallée d'Ossau) emploient les articles suivants :

| MASC. | Et (etch, eth) | ets (es). |
| FÉM. | era (ero, ere) | eras (eros, eres [1]). |

CONTRACTIONS (AUX DEUX GENRES) :

At, ara	ats (as), aras.
Det, dera	dets (des), deras.
(En) tat, tara	tats, taras.

On rencontre aussi :

| Pet, pera | pets (pes), peras. |
| En, ena | ens, enas. |

Les formes contractes ne présentent aucune difficulté pour leurs finales. Elles ont des variantes semblables à celles des formes simples. A Luz, on trouve *d'ra, d'ras*.

Vallée de Cauterets : l'article *el* anciennement usité donnait en contraction *del, dels*, pour le masculin. Aujourd'hui on ne trouve plus que *deu, deus*. Avec l'article *et, ets, era, eras*, la contraction donne actuellement *det, dets, dera, deras*. Mais les formes *era, eras, dera, deras*, couramment usitées dans le parler, sont très rarement incorporées aux dénominations dans les vallées de Cauterets et de Barège.

On peut cependant les employer dans la toponymie.

---

(1) Dans les vallées de Baretous, d'Aspe, les plus voisines de Pau, à Arudy, à Nay même, les noms de lieux doivent garder leurs formes véritables, avec l'article *et, era*, seul autochtone (Ossau excepté).

CONCLUSION

Tout considéré, il nous semble qu'il n'y a vraiment pas dans la prononciation de nos dialectes toutes les difficultés que l'on imagine parfois. Si nous orthographions correctement les noms de lieux de nos montagnes, l'effort pour bien prononcer ce que nous aurons bien écrit restera insignifiant.

Et maintenant, nous présentons avec confiance ce modeste *Essai d'un Glossaire topographique*, pour une région limitée, à nos lecteurs. Ce n'est qu'une première tentative. Que chacune de nos Commissions régionales, encouragée par notre initiative, se mette à l'œuvre et nous aide dans ce laborieux redressement de la toponymie pyrénéenne. Nul mieux que nous n'accueillera, les modifications ou les compléments indispensables qui nous seront fournis par les amis de nos chères montagnes.

Alphonse MEILLON.

AVIS AU LECTEUR

Quand on ouvre un Glossaire topographique, il semble que l'on doive seulement y trouver assemblés les termes de la nomenclature géographique d'une région : noms génériques de lieux, d'accidents du sol, etc. C'est, en effet, une manière de concevoir un tel Glossaire. On consulte les cartes et les cadastres d'un groupe de communes ou d'un canton, et l'on transcrit par ordre alphabétique, en les expliquant en tout ou en partie, ces termes locaux tout venus.

Un tel travail de groupement reste encore à faire dans son ensemble pour notre haute montagne. Nous ne renonçons pas à l'entreprendre, à l'ajouter dans une autre édition, selon l'accueil que le public réservera à la présente publication.

Si nous n'avons pas adopté cette méthode, c'est qu'elle est trop superficielle, qu'elle exige de nombreuses répétitions et permet difficilement de rendre compte d'une foule de termes géographiques indispensables et fort intéressants à connaître. Quelques exemples typiques se rapportant aux mots analysés ou cités nous ont paru suffisants pour ce premier Essai.

D'ailleurs nos différentes Sections d'études toponymiques fourniront nécessairement beaucoup d'autres exemples, au cours de leurs travaux similaires au nôtre. C'est à la fin de ce labeur d'ensemble, quand un grand nombre d'étymologies certaines auront été réunies, qu'il sera temps, nous semble-t-il, de grouper ces noms de lieux et de les expliquer l'un après l'autre, avec une plus grande certitude.

L'autre méthode pour établir un Glossaire consiste à rechercher et à fournir au public les éléments mêmes qui entrent dans la composition d'une foule de termes géographiques. N'est-ce pas la méthode la plus rationnelle et la plus scientifique ? N'est-elle pas la plus suggestive pour le lecteur attentif ? Si nous avons un regret, c'est de n'avoir pas pu pousser jusqu'au bout ce genre de recherches, de n'avoir pas pu grouper toutes ces sources d'informations topographiques dans ce premier Essai. Mais, une fois entré dans cette voie, nous avons craint d'être entraîné dans des développements qui eussent exigé un gros volume, alors que nous ne désirions donner qu'une brochure aussi modeste que possible.

Après la lecture de notre Préface (Première partie, § 1) *le lecteur comprendra mieux pourquoi un Glossaire doit contenir autre chose que la nomenclature, même complète, des noms de lieux étudiés. Nous avons voulu commencer ici la recherche méthodique des éléments qui ont formé nos termes topographiques. Ces mots si fréquemment utilisés dans notre vocabulaire des hautes montagnes sont empruntés non seulement au soleil, à l'ombre, aux intempéries, à l'orientation, à l'exposition, mais encore et surtout, dirons-nous, aux animaux, aux insectes, aux arbres, aux plantes, aux fleurs, aux couleurs, aux ustensiles, outils, meubles familiers, aux parties du corps, etc. De là un premier fond (qu'il faudra nécessairement compléter) d'expressions, mères d'un grand nombre de termes pyrénéens.*

Il n'y a donc pas lieu de s'étonner que notre Glossaire renferme tant de mots variés qui paraissent au premier abord étrangers au contenu d'un ouvrage de ce genre. C'est un premier choix de ces mots générateurs de tant d'autres désignations montagnardes. L'étonnant eût été que ces mots, gros de sens et d'applications, fussent absents de ce premier recueil. L'étonnant pour les connaisseurs sera peut-être qu'il n'y en ait pas davantage dans ce modeste Essai.

Si imparfait que soit ce travail, nos lecteurs comprendront les avantages de notre méthode. Ainsi nous donnons la clef de la plupart de nos expressions topographiques, ainsi nous renseignons sur un grand nombre de termes géographiques d'autres régions différentes, et très éloignées de la nôtre. Ainsi du moins, nous fournissons des matériaux pour des recherches analogues. L'esprit humain, en effet, se manifeste dans le temps et dans l'espace d'après les mêmes lois, malgré la diversité des formes.

Mieux que toute justification théorique, quelques exemples pris au hasard édifieront le lecteur sur la nécessité qui s'impose à tout étymologiste d'employer notre méthode. On lit sur nos cartes : *Roc* Mousquit *(moustique)*, *quartier de la* Mousquère *(mouche)*, *d'*Aguila *(aigle)*, *de la* Limaguère *(limace)*, *Passade det* Gahus *(hibou)*, *Roque d'*Esparbère *(épervier)*, *Pic de las* Paloumères *(palombières)*, *Soum de las* Aulhères *(brebis)*, Esquiu de l'Ase *(échine de l'âne)*, *las* Loupères *(loup)*, *la* Gatère *(chat)*, *Plâ* Cardouè *(chardon)*, *Quartier des* Sahucs *(sureau)*, *Pène* Sarrière *(isard)*, *Prat deres* Lilòyes *(pâquerette)*, Garbourisse *(planté de petits hêtres)*, *Ets* Garèts *(rhododendron)*, Gauardè *(églantier)*, Cassiét *(chêne)*, Rechou *(frêne)*, *etc., etc. Pouvions-nous nous dispenser, à propos de ces termes et d'une foule d'autres, de donner les radicaux (à la signification indiquée entre parenthèses) qui seuls permettent de les expliquer ?*

ABRÉVIATIONS

---

adj.	adjectif.
adv.	adverbe.
anc.	ancien ou anciennement.
augm.	augmentatif.
dér. ou *dériv.*	dérivé.
dim.	diminutif.
f.	féminin.
m.	masculin.
n.	nom.
pl.	pluriel.
subst.	substantif ou substantivement.
v.	verbe.
V.	Voyez.

ABADIE, f. — Abbaye, monastère. — Champ ou pré dépendant d'une abbaye laïque.

ABARGUÈRE, f. — Barrière qui sert à parquer les troupeaux dans un champ pour le fumer.

V. *Barguère, Barguerou.*

ABAYOUS, m. — Airelle myrtille. Employé surtout au pluriel *Abayous.*

V. *Ayou.* (Luchon, *Auajoun.)*

ABEDA (anc. *Abedaa),* m. — Forêt de sapins, région de sapins.

V. *Abét.*

ABEDÉT, m. — Même sens qu'*Abeda.*

ABÉT, f. — Sapin.

V. *Abéda.* (Vallée d'Aure, Luchon, etc., *Auét,* f.)

ABOURE, f. — Hêtre.

V. *Haboure.*

ACHIDE, f. — Sentier, petit chemin forestier. (Vallée d'Aure.)

AGALADE, f. — Étendue de prairie arrosée par une rigole. (Vallée d'Aure.)

AGALÉ, m. — Rigole, sillon pour l'écoulement des eaux.

AGALÒRCE, f. — Creux formé par les eaux de pluie dans la montagne.

AGAPICH, m. — Cascatelle *(Pich d'aygue).*

V. *Aygapich.*

AGAU, GAU, f. — Canal d'irrigation de prairies ; rigole ; canal de moulin.

(Luchon *Agoau, Goau,* f., d'où s. d. *Gouaux,* n. de plusieurs villages.)

ANHÉT, m. — Agneau.

AGUDE, AGUDES, f. s. et pl., de l'adj. *Agut* « aigu » pris substantivement. Pointe aiguë.

V. *Agut.*

Agudes, à l'Ouest du Pic d'Ardiden, vallée de Lutour. On trouve dans cette région : **Soum deras Agudes, Pic deras Agudes, Courades deras Agudes, Roc Agut ; Agudes** est aussi le nom d'un quartier et de divers ruisseaux : ruisseau des **Agudes de deça et de dedéns.**

AGUDÉ, adj. m.

V. *Agude.*

AGUÈRE, f. — Rigole pour arroser les prés.

V. *Agau.*

AGUILE, AGUÌLA, AGLE, f. *(Agle* se dit plutôt vers l'Est. Luchon, *Agglo,* f.) — Aigle.

Aguila, m., **Aguilares,** f. pl., nom de deux quartiers forestiers, à l'Ouest du gave de Cauterets, entre les ponts de la Hose et de Méye-Bat. **Aguilas,** m. pl., ruisseaux de ce quartier-là.

AGUILOUS, m. pl., diminutif de *Aguile.* — Aiglons.

AGULHE, et, par aphérèse de l'*a* initial, GULHE, f. — Aiguille, pointe allongée qui termine certaines montagnes.

Agulhe de Pèyre-Lance, pointe rocheuse effilée, dans la vallée de Gerrét, près du Pont d'Espagne.

Agulhe de Castèt-Abarque, au Nord du lac du même nom, etc.

AGULHÉTE, f., dimin. d'*Agulhe.* — Aiguillette.

AGULHOU, m., diminutif d'*Agulhe.* — Aiguillon.

Pic des Agulhous, vallée de Barèges.

AGUT, f., AGUDE, adj. — Aigu.

> **Mount Agut,** à l'Ouest de la vallée du Marcadau ; **Pic de Montaigu,** Bagnères ; **Soum de Mountegut,** Barèges, etc. V. *Agude*.

AHOURÈS, f. — Terrains incultes, pour vaine pâture, bois, forêt, fourrés ; se dit notamment des parties de montagne couvertes de bruyère ou de petits taillis et servant de pâturages.

> Ailleurs *Ahourèst, Haurèst*.

ALAUSSAT, m. — Vacant, lieu qui a été abandonné.

ALH, m., ÁLHA, f. — Ail sauvage très commun dans certaines régions montagneuses.

ALHA, m. — Lieu planté d'ails ou aulx.

ALHARISSE, f. — Lieu où il y a beaucoup d'ails.

> **Crête des Alharisses,** vallée d'Orédon.

ALHÈRE, f. — Même signification qu'*Alharisse*.

ALHÉT, m. — Comme *Alh*, m.

> **Prade d'Alhét** ou **d'Orédon, Pont d'Alhét.**

ALOUME, f. — Orme.

> V. *Aume* et ses dérivés.

ALOUMÈRE, f. — Forêt d'ormes.

ALÒSE, f. — Ardoise.

> V. *Lose*.

AMARE, f. — Litt. « Amère ». Plante de la famille des chicoracées.

ANCLADES, ANCLADÈRES, f. pl. — Augmentatif ou plutôt collectif d'*Ancle*.

ANCLE, m. — Terrain formant pointe entre d'autres qui l'enclavent.

ANCLÉT, m. — Diminutif d'*Ancle*.

ANGLOUS. — Anguleux, terrain anfractueux.

ANGOUS, ANGOUST, m. — Gorge, défilé.

AOLHA, AOLHE, f. — Vieille orthographe de *Aulhe*. — V. *Brebis*.

AR. — La syllabe *Ar* mise devant tous les mots commençant par *R* n'est pas un préfixe comme je l'ai indiqué dans mon *Esquisse toponymique*, p. 270, mais une syllabe prosthétique. Il faut, en effet, réserver le nom de préfixe aux éléments préposés ayant un sens particulier, comme *en* dans *en'hecha* « mettre en fagots », *arre* dans *arrehè* « refaire ». Mais *ar* n'a aucune valeur pour le sens ; c'est un simple appui de la voix, comme *e* dans *espumous* « écumeux », du radical *spuma*.

ARANHOU, m. — Prunelle sauvage (fruit).

ARANHOÈ, m. — Prunellier sauvage (arbuste).

ARDOUN, contraction de **ARREDOUN, REDOUN,** adj. — Arrondi, rond.

> **Malh Ardoun,** montagne ronde à l'Ouest de la vallée d'Estain. **Col d'Ardounes,** vallée de Louron ; **Clot Ardoun,** Ossau ; **Pic Ardoun,** versant du Camp Basque ; **Coste Ardoune,** pentes arrondies à l'Ouest du lac de Gaube ; **Pèyre Ardoune,** quartier sur la route de Gavarnie, etc.

ARÉA, f. — Sable. A le sens de granit dans la vallée d'Azun.

ARGELÉ. — Terrain argileux, marneux.

> V. *Aryèle*.

ARIT, adj. f. ARIDE. — Desséché, stérile, aride.

ARPAS, m. — Touffe d'herbe grossière.

ARRABIÉT, m. — Patience sauvage, très abondante dans les *Cujelas*.

> Lespy donne aussi les formes *Arradiét* et *Arrasiét*.
>
> V. *Rabiét*.

ARRALH, m. — Comme *Arralhè* et *Arralhère* qui en dérivent.

ARRALHÈ, m. — Rochers qui se détachent des montagnes et s'écroulent sur leurs flancs ; amas, traînée d'éboulis.

> V. *Ralhè*. — Dérivé de *Arralh*.
>
> **Pic d'Arralhè,** à l'Est du plateau des Oulétes de Gaube ; même nom au Nord du Cabaliros ; **Soum det Arralhè Arrouyét,** au Sud du Cabaliros ; **Calhau det Arralhè,** grand bloc de rocher dans le chaos de Héas.

ARRALHÈRE, f. — Raillère (mot entré dans le français), c'est-à-dire éboulis ou plutôt couloir d'éboulis ou d'avalanche.

> V. *Arralhè*, dont c'est le féminin.

ARRALHOUS, adj. — Pierreux, rocailleux, dérivé de *Arralh*.

> V. *Ralhous*.
>
> **Pic Arralhous,** au Sud de la vallée de Cambalès.

ARRASIÉT, m.

> V. *Arrabiét* et *Rabiét*.

ARREDOUN, adj. — Rond.

> V. *Ardoun*.

ARREMOULI, REMOULI, m. — Moulinet, remous, tournoiement d'eau, tourbillon en entonnoir.

> **Lacs de Remoulaines (?),** Haute vallée d'Azun ; **Col et lacs d'Arremouli,** Haute vallée d'Ossau.

ARRENART, m. — Renard.

ARRIBE, f. — Rive.

> V. *Ribe*.

ARRIBÈRE, f. — Rivière (c'est-à-dire ensemble des rives d'un cours d'eau, pays riverain, versant ou plaine qui borde une rivière, « rivière » dans la géographie locale) ; et aussi fleuve ou rivière, au sens actuel du français.

> V. *Ribère*.

ARRIBÉT, m. — Ruisselet. Diminut. d'*Arriu*.

> **Larribet,** haute vallée d'Azun.

ARRIÉU, RIÉU, m. — Ruisseau, rivière.

> V. *Arriu, Riu*.

ARRIEUAU, m. — Grand ruisseau (augmentatif d'*Arriéu*).

ARRIEUTOU, m. — Diminutif d'*Arriéu*, ruisseau.

> V. *Rieutou*.

ARRÍU. — Ruisseau, rivière.

> V. *Riu*.
>
> **Col d'Arriu** ou de **Riu,** passage reliant les vallées de Cauterets et de Luz ; **Soum d'Arriu-nè, Arriu-Tòrt, Arriu Gran,** etc.

ARRÒC, m., ARRÒQUE, f. — Roc, roche, rocher.

> V. *Ròc, Ròque* et *Garròc*.
>
> **Las Arròques,** les Roches, quartier à l'Est de Cauterets, entre César et les Néo-Thermes, où se trouvent des roches granitiques.

ARROUCAT, m. — Sol rocheux, qui a la dureté de la roche.

ARROU, m. — Herbe longue, ronde, très pointue, très dure, qui croît sur les hauteurs.

ARROUMIGADE, f. — Quantité de fourmis rassemblées.

ARROUMIGUE, ROUMIGUE, f. — Fourmi.

> Le Haut Comminges dit *Hourmigo, Hourmiguè, Hourmigous,* etc.

ARROUMIGOUS. — Endroits où il y a des fourmis.

> **Roumigous,** quartier sur le versant Ouest de Pène Nère ; **Formiguères** (Pyrénées-Orientales) ; **Le Formigal ou val Roumigas,** versant espagnol du port d'Anéu.

ARROUMIGUÈ, m. — Fourmilière.

ARROUMIGUÈRE, f. — Fourmilière.

ARROUMIQUE, f. — Comme *Arroumigue.*

ARROUS, m. — Rosée, buée de l'eau en cascade.

ARROUS, f. ARROUSSE ou ROUS, f. ROUSSE, adj. — Roux.

ARROUY, f. ARROUYE ou ROUY, f. ROUYE, adj. — Rouge. Plusieurs montagnes à l'aspect rougeâtre sont désignées ainsi, sans autre qualification.

> **Pic Arrouy,** à l'Ouest de la vallée du Marcadau ; **Mount Arrouy,** au Sud de Troumouse : **Malh Arrouy,** au Sud-Est de la vallée de Lutour ; même nom, à l'Ouest du Camp Basque ; dans la région du Caballiros : **Soum d'Arrouyes, Péne Blanque d'Arrouyes.** Remarquer dans ces dernières dénominations le féminin pluriel pris substantivement ; **Tuques Arrouyes,** à l'Est du lac de Gaube, etc.

ARROUYÉT, f. ARROUYÉTE, adjectif diminutif d'*arrouy.*

> **Soum det Arralhè Arrouyét,** au Sud du Soum de Picarre.

ARRUDE, adj. — Rude, pénible.

ARTÍGA, f. — Prairie en pente au milieu des bois ou des pâturages dans la montagne. Parcelle de terrain défriché sur les hauteurs.

> V. *Artigue.*

ARTIGALÈRE, f. — Collectif (ou diminutif ?), tiré d'*Artigau* (V.)

ARTIGALÈTS, m. — Diminutif d'*Artigau.* (V.)

ARTIGALHOU, m. — Dérivé diminutif d'*Artigue.* (V.) — Vallée d'Aure.

ARTIGAU, m. — Augment. d'*Artigue.*

ARTIGÒLE, f. — Diminut. d'*Artigue.*

ARTIGOU, m. — Diminut. d'*Artigue.*

ARTIGUE, f. — Terrains défrichés ; parcelles de prairies en pente sur les hauteurs. Ce mot a de nombreux diminutifs et dérivés parfois à peu près synonymes. Il donne aussi des composés qui désignent des quantités de lieux.

ARTIGUÉTE, f. — Dim. d'*Artigue.*

ARYÉLE, f. — Argile.

> V. *Argelé.*

ASE, m. — Ane.

> **Esquiue d'Ase.** Nom d'une arête dans la haute vallée de Barèges. **Pic de l'Ase** (écrit Pic de Laze), au-dessus de Luz.

ASPÈ, ou ASPRE, adj. — Aride, âpre. Endroit rude, rocailleux, hérissé d'aspérités.

> **Soum d'Aspè,** au Sud-Est de la vallée de Lutour ; **Poéy Aspè,** ermitage au-dessus de St-Savin ; **vallée d'Aspe,** etc.

ASQUE, ASCO, f. — Avalanche volante (Vallée d'Aure). D'où *Asque,* nom de village, etc.

ASSE, f. — Abri des troupeaux, emplacement où ils couchent.

AUBASSÒLE, f.

> V. *Aube.*
>
> **Col de l'Aubassòle** (Habassole) entre le Mont-Aigu et la Cardinquère, Vallée du Marcadau.

AUBE, f. — Quartier exposé au soleil levant (*Aube* est le crépuscule, soit du lever, soit aussi du coucher du soleil), ou dont la roche est blanchâtre. — Dérivés : *Aubère, Aubassole.*

Plâ d'Aube, plateau du Levant, près Gavarnie ; Pic d'Aube, au Sud-Est de la vallée d'Argelès ; Montagne de l'Aube, vallée de Barèges.

AUBÈRE, f. — Terrain où pousse l'*aubôs*, asphodèle.

AUBÔS, m. — Asphodèle.

AUBÍSCOU, m. — Mélique, dont on fait de petits balais. Région infertile.

Soum dets Aubiscous, Badéte dets Aubíscous (Hautes-Pyrénées).

AULHA, AULHE, ÒULHE, OÉLHE, f. — Brebis.

V. *Aolha.* — D'où sans doute Pic d'Aulhan, à l'Est d'Arríu-Nè.

AULHADE, f. — Troupeau de brebis, les brebis.

AULHARISSE, AULHERISSE, f. — Qui touche aux brebis, endroit où séjournent les brebis.

Soum de las Aulherisses, au Sud du Col de Riu ;

AULHÈRE, f. — Bergère.

Soum de las Aulhères.

AUMATE, f. — Orme champêtre. Diminutif d'*Aume.*

AUME, f. — Ormeau. En béarnais comme du côté de Luchon on rencontre la forme *Oum*, m. Diminutif *Oumét.*

Bious Oumét, Ossau.

AUMÉDE, f. — Bois d'ormeau, ormaie.

Bosc d'Auméde, dans le quartier de Catarrabes, au N.-O. de Cauterets.

AURE, f. — Vent, tempête.

AURÉY, m. — Vent, souffle, bise.

Prat et Bréque d'Auréy, brèche exposée à tous les vents sur la crête du Pibeste, au Nord de la vallée d'Argelès. Orthographié à tort, croyons-nous, Bréque déu Réy (Brèche du Roi) ?

AUROUS, AUROUSO, adj. — Exposé au vent du Nord.

AVATCH, f. — Vallée (Barousse).

V. *Bat* et *Batch.*

AVÒ, f. — Ravin (Plur. *Avòs)* [Barousse ; Luchonnais, *bò*, plur. *bòs*].

AYAS, m. — Gîte, abri, emplacement où couchent les troupeaux. Petite cuvette en montagne, qui a la forme d'un berceau.

V. *Jas, Yas.*

AYASSÉTE, f. — Dimin. d'*Ayas, Yas.*

V. *Yassét.*

AYGAPICH, m. — Cascatelle.

AYGALADE, f.

V. *Ayguelade.*

AYGUA, AYGUE, f. — Eau.

Aygue Rouye, Aygue Caute. Noms de divers quartiers. Cadastre de Cauterets.

AYGUEBÈS, m. — Ligne de partage des eaux sur les montagnes ; versant, côteau. De *Aygue*, eau, et *bès*, substantif verbal tiré de *bessa*, verser.

AYGUELADE, AYGALADE, f. — Étendue d'eau dans une prairie arrosée.

AYGUÉT, m. ou AYGUÉTE, f. — Petit ruisseau (diminutif d'*aygue).*

AYOASSÈRE, f. — Endroit où il y a beaucoup de myrtilles.

V. *Ayou.*

AYOU, m. — Airelle, myrtille.

V. *Abayou.*

AYRE, m. — Air, vent. Pic d'*Ayre* (Hautes-Pyrénées). Ce pic, d'une forme élancée, est isolé et reste exposé à tous les vents.

V. *Auréy.*

BÁCA, BACO, f. — Vache. On se sert souvent de ces mots pour désigner certains quartiers de pâturages recherchés par les vaches.

V. *Baque.*

Pic de Bacanère (Vache noire) près Luchon ; **Las Bacos,** quartier des Sahucs, vallée du Camp Basque.

BACADE, f. — Troupeau de vaches.

BACARIS, m.

V. *Baquerie.*

BACHE, m. (prononcez Batche). — Mot espagnol désignant une étable où on fait suer les bêtes à laine, ou l'endroit où on les tond.

BÁCHA, BACHE, f. — Descente, pente, partie inférieure d'une montagne, terme pastoral. De *bacha* « descendre, baisser ».

Bache du Ravin Desplande, vallée de Cauterets ; Bache d'Estaranhe, Orédon ; Bache det Cap de Long, Orédon, etc.

BACHADE, f. — Descente, pente.

V. *Bache.*

BACHANT, m. — Ce qui descend, ce qui s'abaisse, pente.

BÁCOU, m. — (Dérivé de *Baque* « vache » ?...)

Poéy Bácou, vallée de Gerret.

BAD, f. — Vallée. C'est, comme ailleurs *baigt,* une forme ancienne, remplacée aujourd'hui par *Bat* ou *Batch.*

V. ces mots.

BADE, m. — Endroit guéable, gué. Dim. *Badét, Badirou.*

BADÉT, m. — Ce mot est employé très souvent pour désigner un sommet dans la région des Hautes-Pyrénées ; il ne faut donc pas le confondre avec les mots *badét* « gué » et *badéte* « petite vallée ». D'après nous, le mot masculin *badét* s'applique au point culminant dominant une vallée, à la partie supérieure, extrême d'une vallée, d'une crête, d'un massif ; à une sorte de belvédère. Comparez : *cape,* manteau, et *capét,* partie supérieure de la cape, le capuchon.

Pic Badét ou de Chanchou ; Badét d'Aubiste ; Cap et Pic Badét, Orédon, etc., etc.

BADÉTE, f. — Ce mot est employé aujourd'hui pour désigner une petite vallée. Il est formé de *Bad* ou *Bat,* vallée, avec la désinence diminutive *éte.* Ce n'est point évidemment un dérivé correct de *bad* ou *bat,* vallée, car le *d* intérieur en gascon suppose toujours latin *t* ou *d* (cantade < cantata ; suda < sudare), tandis que généralement *ll* intérieure lat. passe à *r.* Lat. Vall — + suffixe itta donnerait donc *baréto,* et en effet, nous avons *Baretous* < vall — + itt + ones), *Barélhe, Barèdye.* (V. ces mots.)

Quoi qu'il en soit, nous trouvons aujourd'hui *Badéte,* employé pour petite vallée.

Pic dera Badéte ; Badéte de Labassa ; Badéte d'Aratilhe.

BALUHART, m. — Levée, élévation de terre.

BANÉT, BANÈU, BANEYTCH, m. — Réglisse des montagnes. (Herbe dont le bétail est friand.)

V. *Baniéu.*

BANIÉU, m. — Réglisse ; (cf. le luchonnais *blaniéu,* même sens, qui se rattache à la racine du lat. *blandus).*

    V. *Banèt.*

BANHS, m. pl., **BANHÈRES,** f. pl. — Bains, établissement thermal, lieu renfermant des bains publics. *Bagnères-de-Bigorre* (les Bains de Bigorre) ; *Bagnères-de-Luchon* (les Bains du pays de Luchon). L'expression *Bagnères,* pour caractériser un lieu déterminé, doit être suivi d'un qualificatif.

BAQUE, f. — Vache.

    V. *Bàca.*

BAQUERÍE, f., **BAQUERIS, BACA-RIS** (Barousse), m. — Les vaches, troupeaux de vaches.

    V. *Bacades.*

BAQUÉTE, f. — Dimin. de *Baque,* vache.

BARAN, m. — Halo (du soleil ou de la lune); on en tire des pronostics pour le temps.

BARANE, BRANE, f. — Branches, claie pour fermer un bercail. Diminut. *Baranéte,* f.

> **Passes de la Barane** ou **de La brane,** à l'Ouest du Bat Laytouse ; **Pic de Baranéte, Sarrat de Baranéte** (Orédon).

BARAT, m. — Fossé.

BARÉDYE, f. — Vallon, petite vallée. (Du bas-latin : Valletica.)

> **Barége[s]-les-Bains. Et Clòt de Barédjo,** près de Luchon.
> V. *Badéte.*

BARÉLHE, f. — (De Vallicula). Même signification que *Barédye.*

> **Bareilhes,** vallée de Louron ; **Soum d'Auribarélhe,** à l'Ouest du Pont d'Espagne.
> V. *Badéte.*

BARÉLHES, f. pl. — Gaulis, massif forestier dont les brins sont devenus gaules.

BARETOU, f. — Petite vallée.

    V. *Badéte, Barédye, Barélhe.*
    Vallée de Barétous.

BARIBOUNDES, BARICOUMBES, f. pl. — Précipices. Cf. *Baricane.*

BARAGUÈRE, f. — Claies portatives servant à former un parc à brebis.

    V. *Abarguère.*

BARGUEROU, m. — Dim. de *Barguère.*

BARICANE, BARICANO, f. — Ravin, torrent qui creuse et entraîne fréquemment des matériaux. Cf. *Bariboundes, Baricoumbes.*

BARIDÈRES, f. pl. — Sol strié par de petits fossés ou des ravins.

    V. *Barat.*

BARRA (anc. **BARRAR**), v. — Fermer, clore.

Le mot *barra* se trouve dans un grand nombre d'expressions qui renferment l'idée de fermeture et de clôture.

BARRÁDA, f., pris subst. de *barrat,* p. p. de *barra* « fermer ».

    V. *Barradé.*

> **Pène de Barráda,** au Nord de Scia, vallée de Gavarnie.

BARRADÉ, m. — Barrière.

BARRADURE, f. — Fermeture, clôture.

BARRALH, m. — Terrain cultivé clos ; palissade.

BARRÁNCOU, m. ; augm. BARRAN-GAU, m. — Ravin profond, bas-fonds d'une gorge où coule généralement un torrent.

> Le Barráncou de Baccimalhe, sur le versant Sud du Col du Marcadau ; Le Barráncou d'Ossoue, fond du ravin de la gorge supérieure d'Ossoue.
> Cf : espag. Barránco, barranca, barranquera, ravin, fondrière, fossé.
> V. Barra.

BARROAT, m. — Grille, barrière.

BARRAT. — V. Barra.

> Malh Barrat, près Luchon.

BARRÈRE, f. — Barrière.

BÁRRI, m. — Muraille, rempart, faubourg, fortification, retranchement, crête formant barrière. Se dit aussi d'un terrain enclos qui a la forme d'un bercail.

BARROUDE, f. — Lieu boueux, limoneux.

> Col ou passades de Barroude, Haute vallée d'Aure.

BARTASSÈRE, f. — Grand taillis, bosquet.

BARTE, f. — Taillis, hallier, bocage.

BARTÉT, m. — Dim. de Barte.

BÁSSIA, BÁSSIE, f., et BASSIA, m. collectif. — Bassin. Bas-fond de vallée. Dépression ou plateau sur le flanc d'une montagne. Le sens propre de Bassie est pétrin, coffre, récipient. Bassiòt, auge à porc.

> Soum de Bassia, au Sud de la vallée d'Estaing ; Bassias, montagne et lac, vallée de Campbiélh, à l'Est de Gèdre ; Pic de Bassia, vallée du ruisseau de Lavedan, à l'Ouest d'Aulon ; Pic de Bássia hauta (f.), (Bassiauté), dans la vallée de Louron ; Bassia Gran (m.), vallée d'Aure,

BASSIARILH, m., dim. de Bassia.

> V. Bassòt.

BASSIBE, adj. et subst. f. (fém. de Bassiu). — Brebis qui peut recevoir le mâle. On appelle aussi Bassibes les cuyalas où l'on mène ordinairement ces brebis.

> Et Cuyéu deras Bassibes (Azun).

BASSÍU, m. — Agneau, brebis de l'année précédente.

> V. Anhèt.

BASSÒTS, m. pl. — Nom donné à de petits plateaux superposés à des terrasses sans étages.

> V. Bassia.
> Péne dets Bassòts, à côté du Col de Riu.

BAT, f. — Vallée. Le mot Bat est entré dans la formation d'un grand nombre de lieux.

> V. Bad.
> Péne dera Bat Male, ravin à l'Est du Cabaliros ; Bat Houradade, Bat Laytouse, Bat de Bun, etc. On dit Batch dans presque tout le Haut Comminges et le Couserans ; Aratch (v. ci-dessus) est le même mot, avec un a prosthétique.

BATAN, m. — Moulin à foulon ; battoir. Batan peut être le part. prés. ou un dérivé en andum de bater, bate, battre.

> Tuque des Batans, pyramide pointue à l'Est du Val de Gerret ; Lacs des Batans, vallée de Bramatuero.

BÈC, m. — Bec, extrémité, sommet.

> Bèc de Casse, au-dessus de Castèt-Abarque.
> V. Casse.

BEDAT, m. — Quartier de forêt ou de pâturage prohibé.

> Mont du Bédat, Bagnères-de-Bigorre.

BEDOURA, m., BEDOURÈT, m., BEDOURÈDE, f. — Lieu planté de bouleaux, boulaie.

V. *Bedout*, bouleau.

Montagne de Bedoura (Orédon) ; **Bedourét** (Chapelle et quartier de) au Nord-Est de Soulom.

BEDOUT, BEDOUTCH, m., (Barousse, Luchon). — Bouleau.

BENCILH, m. — Branche flexible, osier.

V. *Benque*.

BENQUE, f. — Osier, lianes flexibles.

V. *Bencilh*.

D'où sans doute le dérivé BENQUÈ dans **Pont dets Benquès**, quartier **dets Benquès**, près Mau Hourat, à Cauterets.

BÉNSA, f. — Rocher taillé à pic.

BÉNT, m. — Vent.

V. *Ayre* et *Auréy*.

Pic de Bouhe bént, vallée de Luz.

BENTOLA, f., BENTOÚLA, f. — Quartier exposé au vent.

BÉRT, f., BÉRDE, adj. — Vert.

Lou Bért d'Estaranhe, quartier d'Orédon.

BERDÉT, m. — Vert de gris.

BERDOUS, adj. — Verdâtre.

BÈRN, m. — Verne (vergne), aulne.

BERNATA, m., BERNÈRA, f., BERNÈDE, f., BERNISSE, f. — Aulnaie.

Dim. **Bernét, Bernadét, Bernadous, Bernata**, quartier de St-Savin.

[1] BÈS, m. — Subst. verbal de *bessar*, *bessa*, verser, répandre.

V. *Ayguebès*.

[2] BÈS, m. — Bouleau, vieux mot celtique.

BÈSSA, f. de *Bès* [1], même sens, se rapporte aux lignes de partage des eaux.

Sommet de Besse Blanque, Baretous ; **Bessabure**, f., partie la plus montagneuse de la Soule.

BESSÉDE, f. — Forêt de bouleaux.

BESIAT, BESIAU, BEZIAU, adjectifs, et aussi collectifs. — Voisinage, les voisins, vicinal, commun, public, qui appartient à la communauté, communauté aussi ou commune. Dim. *Besiarèt*.

Es quoate Beziaus, vallée d'Aure.

BÈT, f. *Bère*, adj. — Beau, joli.

Bet Poéy.

BETERA, m. — Petit parc pour les veaux. Dim. *Beterét*, m.

BIC, VIC, m. — Division administrative territoriale ; vic, quartier de commune, hameau.

Vic-Bigorre, Vic-Dessos, etc.

BIDOR, m. — Arbre, espèce de sorbier. (Cf. luch. *bidurc*.)

BÍE, BÍA, f., BIÈ, dérivé masculin. — Chemin, voie, rue, ruelle.

BIÈLE, VIÈLE, f. — Localité, village, bourg, ville.

Bielle, commune de la vallée d'Ossau ; **Viella, Cap de Vielle, Viellenave, Villelongue.**

BIÉLH, f. BIÉLHE, adj. — Vieux, vieil.

Port biélh ; Néu biélhe ; Pic du Camp biélh, etc., etc.

BILA, m. — Dépendances d'un domaine, d'une *Villa* plus considérable.

BIM, BÍMI, m. — Osier. (Comminges : *Bimou*.)

BIMARRA, m. — Oseraie.

Bimarràs, quartier de la commune de St-Savin.

BIMÈRE, fém., BIMERÈ, m. — Oseraie.

BIMIAR, m. — Comme *Bimarra*.

BIRADE, f. — Tournant de chemin.

BISQUE, f., BISQUÈRE, f. — Faîtage, toit. Cf. luchonnais *abesca*, m., même sens.

BISTE, f. — Vue, lieu d'où l'on découvre une belle vue. Du verbe *béser*, *bése*, *béde*, voir ; participe passé : *bist* ; au fém., *bista*, *biste*.

    Pic d'Aubiste ; Pic de Leviste. (?)

BLANC, f., BLÁNCA, BLANQUE, adj. — Blanc. Dim. *Blancous*, *Blangous*, blanchâtre. Dériv. *Blanqueya*, *Blanqueja*, avoir une clarté blanchissante.

    Péne Blanque, sommet au Nord du plateau du Lisey ; **Péne Blanque d'Arrouyes**, rocher sur le versant est du Cabaliros ; **Cintes blanques**, vallée d'Orédon, etc., etc.

BLAU, BLU, adj. et nom. — Bleu.

BOALA ou BÙALA (anc. BOALAR et BOALAA) et, fautivement BOALLA, BOILA. — Quartier réservé aux bœufs, aux bêtes à corne. Terrains mis en défense, prohibés.

    Boala, pacages communaux dans les communes de St-Savin, de Lau, de Soulom.

    V. *Boéu* et *Bùala*.

BOALHE. — Troupeau de bœufs.

BOÁRIE, BOÈRIE, BÒRIE, BOUÉYRIE, f. — Bouverie, étable, domaine agricole.

BOÉU, BÒU (anc.), ou BÙÉU, m. — Bœuf.

BOÉT. — Jeune bœuf.

BÒSC, BÒS, m. — Bois, forêt. (Plur. *Bòsques*, vallée d'Aure.)

    Bosc d'Auméde, Bosc det Cassiét, vallée de Cauterets.

BOU (et BOUN, plutôt commingeois), f. BOUNE, adj. — Bon, bonne.

    Estibère Boune, haute vallée de Gèdre ; **Coste Boune**, vallée de Luz.

BOARAQUE, BÙARAQUE, f. — Trou profond, gouffre où se perd un ruisseau.

BOUC, m. — Bouc.

BOUCH, m. — Buis.

BOUCHE, f. — Quartier planté de buis. *Bouchét*, *Bouchéte*, *Bouchidét*, *Bouchiroude*, diminutifs.

BOÙCOU, m. — Pâturage situé au confluent de deux cours d'eau, sur la hauteur.

BOUDIC, m., BOUDIGUE, f. — Terrain en friche, qui n'est plus cultivé. *Boudiguéte*, *Boudigòles*, dimin. *Boudiguères*, forme collective ou diminutive.

BOUHATÈRE, f. — Trou en terre, taupinière.

    V. *Bouhoère*.

BOUHÈRE, f. — Taupinière, taupinée, petit amas de terre.

BOUHOÈRE, f. — Monticule de taupe, boursouflure de terrain.

BOÙHOU, m. — Taupe.

BOUPATÈRES, f. — Renardière, endroit qui sert de retraite aux renards. — De *boup*, f., renard ; la femelle s'appelle *boupat*.

    Cácou deras Boupatères, vallée de Lutour.

BOUPÊLHAS, f. pl.

    V. *Boupatère*.

BOUPÈRE, f.

    V. *Boupatère*.

BOUPILHÈRE, f. — Lieu où il y a des renards.

BÒRDE, f. — Métairie, grange.

BOURC, BOURG. — Bourg. Dim.
Bourguét.

> V. *Burguét,* cabane.
>
> Bourg, nom de plusieurs communes ;
> **Bourc-Dessus, Bourc-Debat,**
> « **cuyéus** » dans la montagne de
> Serres ; **Bourc-Dessus,** nom donné
> dans le cadastre à la montagne voisine
> du ruisseau du Pic du Lion ; **Bourc-
> Dessus,** ruisseau.

BOURDÈRES, f. pl. — Endroit où il
y a plusieurs granges.

> **Bordères,** nom de village.

BOURGIÉU, m., BOURGÍU, m., BOR-
GELLA, m. — Emplacement d'anciennes maisons, granges, cabanes.

BOURIDÉ, m., gouffre où l'eau fait
des remous, bouillonne. En béarnais,
bouri signifie bouillir, et *houridé* le-
vain, pâte qui fermente, qui bouillonne.

BRANE, f. — Branches, fagots. On
étend parfois ce nom à la bruyère, à la
brande, aux lieux où pousse la bruyère.

> V. *Barane.* Dim. *Branéte.*

BRÉCA, f. — Brèche.

> V. *Bréque.*

BRÉQUE, f. — Brèche, entaille sur
une crête, petit col ou passage.

> V. *Bréca.* Dim. *Brequéte.*
>
> **Bréque Esmaralhade,** pic Ségalas ;
> **Bréque det Pic Gran,** Viscos, etc.

BREQUÈRE, f. — Endroit où il y a
des brèches.

BRÒC, m. — Épine, buisson (à Luchon, bruyère).

BROCA (anc.), BROUCA, m. — Quartier où abonde la bruyère, ou bien lieu
rempli d'épines, de buissons, de ronces.
Augm. *Broucassa,* m. ; dim. *Brouca-
rilh,* m. ; adj. *brouquère, broucous.*

> **Brouca,** commune de Louvie-Juzon et
> de Borce.

BROUCOUS, adj. — Broussailleux,
en buisson.

> **Sarrat Broucous,** quartier de mon-
> tagnes, au Sud-Ouest de la commune
> de St-Savin ; autre, au-dessus du
> plateau de Concé (Cauterets).

BROÉLH, m. — Terrain couvert de
taillis touffus, broussailles. Anc. fr.,
breuil.

> V. *Broulh.*

BROULH, m., BROULHE, f. — Quartier plein de broussailles.

> V. *Broélh.*

BROUNCUT, adj. — Noueux, de
Brounc, nœud de branche.

BROUNHE, f. — Bosse. (Luchonnais,
bounho.)

BROUSTIC, m. — Ronce desséchée,
broussaille.

BRUM, m., BRUME, f. — Nuage,
brouillard, brume.

BRUMALHOU, m. — Petit amas de
nuages.

BRUMÈRE, f. — Temps nuageux.

BÙALA, BÙALAR, m. — V. *Boala.*

BURGUÉT, m. — Cabane portative
du berger.

> V. *Bourc.*

BUSÒQUE, f. — Buse, oiseau de
proie.

CABALE, f. — Jument.

V. *Yègue.*

CABALÈRE, adj. f. — Brebis, vaches portières ; qui portent des petits.

CABALARÍE, CABALERÍE, f., CABALARÍA, f. — Cavalerie, troupeaux de chevaux, juments, poulains.

CABANE, f. — Cabane.

CABANÉ, m. — Cabanier, qui loge dans la même cabane d'après un pacte spécial à l'égard des troupeaux mis en commun.

CABBAT, CABBAG, CAPBAT, CAPBAIG, adv. — Tête, front vers le bas : en descendant la vallée, en aval ; vers le Nord. — Les terminaisons *bat, bag, baig,* indiquent l'idée de *val, vallée.*

V. *Catsus.*

CABELHÈRE, f. — Arête faîtière.

CABESSAU, m. — Qui se rapporte à la tête. — Partie supérieure d'un champ ou d'un pré.

V. *Tèste, Cabòle.*

CABILATÈRE, f. — Terrain peuplé de têtards. *Cabilat,* têtard.

CABÒLE, CABÒLHE, f. — Tête.

V. *Tèste.*

CÁCOU, m. — Tanière, abris sous roche, cavité servant de refuge. Roche ou bloc isolé, clos par un mur en pierres sèches.

Cácou deras Boupatères ; Cácou de Malheraube, de Jerretélh, det Prébendé, de las Agudes, Cácou deras Hades, etc.

V. *Caube, Còbe ou Coèbe.*

CALHABÉ, adj. — Qui est plein de cailloux.

CALHABÈRE, f. — Tas de cailloux, chaos de rochers.

CALHAU, m. — Caillou, rocher.

Calhau dera 'Spugue ; Calhau dera Sante Esquère ; Calhau de Loubasso ; det Mayouret, det Cardiét, det Arralhè.

V. ces mots.

CALHAUAS, m., CALHAUÈRE, f. (identique à *Calhabère).* — Amas de cailloux.

Lac de Calhauas (H⁰ vallée d'Aure).

CALIGÒRSE, f. — Mauvais endroit dans un bas fond ; précipice.

V. *Galicòrse ;* béarn. *galihòrse.*

CAM, CAMP, m. — (Le *p,* même lorsqu'il s'entend à la fin du mot isolé, tombe devant une consonne suivante.) Champ, plateau désert sur les hauteurs. *Campét,* diminutif ; *Campas,* augmentatif.

Camp Báscou ; Camp det Milh ; Camp Biélh ; Camp Redoun.

CAMÍ, m. — Chemin, route. *Camí debat ; Cami haut ; Cami de trabès* ou *trauès.*

CAMOU, m. — Pelouse, prairie, terrain fertile près d'un cours d'eau.

Lac d'Oredon ou de Camou.

CAMPANA, CAMPANÁRI, m. — Clocher.

CAMPANAU, m. — Clocher. Rocher pointu en forme de clocher et dominant les autres. Cf. *Campanal d'Izas (vallée d'Escarilla,* Aragon).

CAMPANHE, f. — Campagne (la plaine, par opposition au côteau).

CANAL, f. — Canal, couloir dans les montagnes, ravin.

> V. *Canau. Canal* est la forme ancienne ; il est revenu comme masculin par le français avec le sens de « canal de navigation ».
>
> La Canal d'Estaubé.

CANALÒT, m. — Dimin. de *Canal* et *Canau.*

> Canalòt det Mayouret (vallée de Lutour) ; de las Agudes (vallée de Lutour) ; de la Pourtère (Marcadau).

CANAU, f. ou m. — Ravin profond, couloir sur un versant de montagne. Diminutif *Canalòt.*

> V. *Canal.*
>
> Lous Canaus d'In'hèrn (versant de Luz, chaîne d'Ardiden) ; Pic de la Canau, la Canau de Troumouse (région de Héas) ; Riu dets Canaus det Camp Bielh. Cf. La Sierra de las Canales (Aragon).

CANDAU, m. — Pente, versant, côté d'une montagne. De *cant*, bord, côté, et de la désinence augmentative *au.*

> V. *Cant.*

CANT, CANTÈ, m. — Bord, côté, chant. (Écrit aujourd'hui à tort *champ* dans « de champ ».)

> V. *Candau.*
>
> Passade de Cant. Corniche étroite sur laquelle on ne peut passer qu'en marchant de chant, de côté. A l'Ouest du pic de Cestrède, au Sud de Culaus.

CANTÈRE, f. — Bord d'un ravin, d'un couloir ; partie saillante d'une corniche ; sentier au bord d'un champ, d'un fossé.

> Cantère du Lisey, de Malharaube, de las Aulherisses, Cantère dets Toudous (vallée d'Aure), Cantèras de la Magdalena et d'Alano, en Aragon.

CAÒS, m. — Chaos. Grande quantité de blocs éboulés, de rochers énormes entassés les uns sur les autres.

> Le Chaos ou (mot plus local) La Peyrade, amoncellement de blocs, près de Gavarnie.
>
> V. *Peyrade.*

CAP, m. — Tête, partie supérieure, haut d'un quartier, d'un vallon, d'une côte ; bout, sommet, extrémité.

> V. *Cap bat, Cap sus.*
>
> Cap de las Débarades (route de Cauterets) ; Cap de Long, Cap dera Péne Trencade (Orédon) ; Cap de Badét.

CAPASSOU, CABASSOU, adj. — Exposé, face au soleil ; devrait s'écrire : *Cap à sou.*

> V. *Carassou.*

CAPBAT.

> V. *Cabbat.*

CAPSUS, CATSUS, adv. — Vers le haut, vers le Sud. De *cap*, tête, et de *sus*, haut, en haut.

CAPÈRE, f. — Chapelle, clocher.

CAPERÉTE, f. — Petite chapelle, clocheton.

> La Caperéte. Rocher pointu à l'Ouest de Pèyrehaute, sur le versant de Luz ; il a absolument la forme d'un clocheton d'église.

CAPERA, m. — Signifie chapelain, prêtre, mais on emploie aussi ce mot avec le sens de capuchon, capulet, quelque chose qui se rapporte à la tête.

> Et Mau Capera (vallée de Luz). Cette expression donne l'idée de mauvais sommet, mauvaise crête.

CAPÈT, m. — Capuchon (de la cape).

CAPITÈT, m. — Chapiteau, corbeau, pierre en saillie. (Luchon, *Capitètch.)*

CAPUCH, m. — Bout, sommet, cime.

4.

CARASSOU, adj. m. — Face au soleil. De *care*, visage, figure, et de *sou*, soleil. Midi.

> V. *Capassou*.

CARBOU, CRABOU (prononciation de Barèges), m. — Charbon.

CARBOUNOUS ou CRABOUNOUS, adj. — Charbonneux, noirâtre, et, peut-être, où il y a, où on fait du charbon.

> Pic de Crabounouse (V. de Barèges).

CARDÈRE, CARDOÈRE, f. — Lieu planté de chardons.

> V. *Cardou*.

CARDI, m., CARDINE, f., CARDINAT, m. (dim.). — Chardonneret.

CARDIÉT, m.

> V. *Cardou*, chardon ou plutôt *Cardine*, dont c'est sans doute le collectif.
>
> Calhau det Cardiét (vallée du Camp Basque).

CARDINÈRE, CARDINQUÈRE, f. — Lieu où il y a beaucoup de réglisse.

> Pic de la Cardinquère (Marcadau).

CARDINE, f. — Réglisse des montagnes.

CARDOÈ, adj. — Où poussent beaucoup de chardons.

> Plà Cardoè, plateau des chardons (vallée d'Ossau).

CARDOU, m. — Chardon.

CARE, f. — Visage, face.

CARNAU, m. — Terrain réservé, où l'on saisissait le bétail qui s'y égarait.

> Carnau de Lis (vallée du Camp Basque).

CARRÈRE, f. — Chemin, rue, route.

CARRERÒT, m. — Dim. Ruelle, impasse.

CARRIBE, f. — Petit chemin creux.

CARRÒT, m. — Rocher.

> V. *Arròc, Garròc*.

CARROUTÈRE, f. — Sentier couvert de rocs ; quartier rempli de cailloux ou de galets. — *Carroutét*, m., diminutif. *Carroutas*, m., augm. ou collectif de *Carròt*.

CASAL, m. — Domaine rural ; maison et terres qui en dépendent. (Forme ancienne de *Casau*, avec un sens un peu différent.)

CASAU, m. — Jardin. On se sert aussi du mot *Casau* pour désigner les emplacements de gazon qui servent de pâturage aux isards sur les sommets.

CASCARE, f. — Cascatelle Dim. *Cascarét*, m.

> V. *Pich*.

CASSANHE, f. — Chênaie.

> V. *Cassay*.

CASSAY, CASSAYT, m. — Chênaie, forêt de chênes.

> V. *Cassia*.

CASSE, f. — Brèche, cassure dans une arête. Amas de débris rocheux.

> Pic de Bèc de Casse, au-dessus de Castèt-Abarque.

CASSE, m., CÁSSOU, m., (CASSOO, vieille orth. béarn.). — Chêne. *Cassoulét, Cassoulòt*, dim. *Cassoulas*, augm.

CASSÍA, CASSÍE, CASSIÈRE, CASSIÉT. — Chênaie.

> V. *Casse*, m., *Cassay*, etc.
>
> Cassiét, bois dans le quartier de Catarrabes (près Cauterets) et dans les communes de Soulom, Adast.

CASSOULAT, m. — Chênaie à taillis.

CASSOULÉT, m. — Bois de chênes de haute futaie.

CASSOURE, f., CASSOURA, m. — Lieu planté de chênes.

CASSOURUT, adj. — Lieu où il y a des chênes en quantité.

CASTANHÈ, m. — Châtaignier.

CASTANHÈRE, f. — Châtaigneraie.

CASTANHÉDE, f. — Bois de châtaigniers.

CASTEL.

V. *Castèt.*

Castelloubon, à l'Est de la vallée d'Argelès.

CASTÈT, CASTÈYT. — Château.

V. *Castel.* Dim. *Castilhou.*

Castèt-Abarque, vallée du Marcadau ; Hèche de Castèt, vallée de Luz.

CASTERA, m. — Camp retranché.

CATSUS, adv. — Pour *Capsus.*

V. ce mot.

CAU, f. — Ravin, ruisseau qui coule au fond d'un ravin.

Pas dera Cau (Orédon).

CAUB, CAUBE, adj. — Chauve, dénudé, aride.

Pèyre Caube, dans la vallée d'Azun ; Poéy Cau, pour *caub,* rive gauche du gave de Lutour.

CAUBE, f. — Anfractuosité dans les rochers. Dim. *Caubéte, caubaròle.*

CAUDIÈU, m. — Versant exposé au soleil (vallée d'Aure).

V. *Caut,* et, pour le sens, *Capassou, Carassou.*

CAUSSADE, f. — Chaussée, route pavée, chemin, rue.

CAUT, f. CAUTE (vers l'est CAUDO), adj. — Chaud.

Aygues-Cautes. Les Eaux-Chaudes.

CAUTÈ, CAUDÈ (anc. CAUTER), m. — Chaudron.

CAUTÈIRE, CAUTÈRE, f. — Chaudière.

CAYOLAR (anc.).

V. *Cujala.*

CAYÒLE, CAUYÒLE, f. — Cage. On dit aussi : *Cajòle, cuyòle, cujòle.*

CAYRE, m. — Champ ou pré carré ou rectangulaire. *Cayrou,* dim. ; *Cayrat,* adjectif.

V. *Quoayrat.*

CAZALÈRE, f. — Jardin ou verger autour d'un parc.

CAZALÈT, m., CAZARILH, m. — Petit jardin.

CAZAU, m. — Jardin.

V. *Casau.*

CEBA, m. — Terrain où l'on a planté ou bien où poussent des oignons.

CÉBE, f. — Oignon.

Pic de la Cébe (vallée de Lutour). Les flancs de ce pic sont couverts de petits oignons sauvages.

CÈP, m. — Champignon, bolet comestible.

CEPÈRE, f. — Endroits où il y a des ceps.

CERNÉLHE, f. — Étendue de neige, banc de neige, névé, petits glaciers ; banquettes de neige qui se forment à l'arrière des crêtes.

V. *Counyèstre* et *Sernélhe.*

CÈSTRE, f., CISTRE, SISTRE, f. — Herbe spéciale qui croît sur les hauteurs, plante des régions froides. Une des herbes préférées par le bétail.

V. *Mourtara, Banét.*

CESTRÉDE, f. — Lieu planté de *Cèstre.* (V. ce mot.)

Pic de Cestréde, vallée de Lutour.

CHABE, f. (ou COURBASSINE). — Corneille.

CHABÈQUE, CHÉBÈQUE, fém. — Chouette. (Luchon, *Gauèco.*)

CHANCHE, SANGE, SANCHE, CHAN-YE, SANYE, f. — Ustensile dans lequel on tire le lait. De la *sanche,* le lait est versé dans le *cubét,* sorte de cuvette.

Pic de Chanchou ?

CHAUQUÈ, m. — Sureau.

V. *Sahuquè, Sahuc.*

CHÈC, adj. — Petit. (Vallée de la Neste.)

V. *Chic.*

CHÈUQUE, f.

V. *Sahuc.*

CHIC, adj. — Petit. Dim. *Chicòt, chiquét, chicoutét, chicoutin, chicoutòt.*

CHIN, adj. — Petit. Dim. *Chinét, chinin, chinòt, chinou.*

CHÒC, adj. — Petit. (Vallée de la Neste.)

V. *Chic.*

CHOUP, TYOUP, m. — Espèce de tremble. Identique à l'adj. *choup,* mouillé.

CHOUPÈRE, f. — Bosquet de tremble.

CHOURDOÈ, m. — Framboisier.

V. *Yourdou.*

CHOURDOASSA, m. — Lieu où poussent de grandes quantités de bouquets de framboisiers. [De *Chourdou,* et de la désinence augmentative *as,* suivi du suffixe collectif *a,* de *are (bedoura, abeda,* etc.).]

Coume dets Chourdoassas, ravin à l'Est du Péguère.

CHOURRA, v. — Couler en bruissant.

Cf. ruisseaux de **Chourrota, Chirrita** (B.-Pyr.), **Chourdine** (Oloron).

CHOURRE, f. — Fontaine, eau jaillissante.

Fontaine du Panchourre (Cauterets) ?

CHOURRÒT, m. — Filet d'eau qui sourd.

CHOURRIOUS, m. — Lieu planté de conopodions (plante bulbeuse). *Chourrièra,* f., augmentatif.

CHUQUINE, f. — Linotte.

CIBADA, m. — Champ d'avoine.

CIBADE, f. — Avoine.

CIBADÈRE, f. — Terre où l'on sème de l'avoine.

CIARROUS, adj. — Cendré.

CIÉR, f. — Cendre (vallée d'Aure).

CIGALE, CIGALHE, fém. — Cigale. *Cigalhéte, cigalhine, cigalhòte* (dim.), hanneton.

CIMAU, m., CIME, f. — Bout d'arbre, extrémité, cime.

CINTE, CINDE, f. — Ceinture.

Las Cintes Blanques (Orédon).

COÁYRA, COAYRE.

V. *Quoayre.*

CÒBE, f. — Caverne.

COÈBE, f. — Caverne.

V. *Càcou.*

CÒHE, f. — Coiffe, berret pointu, coiffure de femme, cornette.

Soum de Còhe, au nord du Col de Riu.

COEYLA, m.

V. *Cuyéu* et *Cujalà.*

COMARQUE, f. (anc.) — Quartier, région. Cf. espagn. *Comarca,* contrée, territoire.

CONDAU, adj. — Terrain comtal.

CÒNQUES, f. pl. — Terrain qui décrit de grandes cavités ou dépressions circulaires.

Soum de Cònques, au Sud du Viscos.

CORADA, f. (vieux textes).
V. *Courade.*

CÒRN, m., CÒRNE, f. — Corne. D'où *escourna.* V. écorner.

Pic d'Escòrne Crabe, à l'Ouest de de St-Savin.

COURRÉYE, COURRÉJE, (anc. *corréya,* etc.), f. — Courroie ; par extension, parcelle de terrain long, en forme de courroie ; champ étroit et long. Dim. *Courreyòle, Courrejòle.*

CORTAL (anc.), COURTAU, m., synonyme de *Cuyéu.*

Courtau Biélh (Orédon).

CÒSTE, f. — Chemin montueux, côte ; quartier de montagne en pente, flanc de montagne ; sommet. *Coustou,* m. dim., *Coustasse,* f., *Coustalat,* m., aug.

Còste, nom donné à plusieurs quartiers de nos montagnes. Còste de Benquès, Còste Ardoune, La Còste, sommet au Sud-Est de Luz, vers le pic de Bugarret. La Còste d'Estanh.

CÒT, CÒTCH et anc. CÒYT, CÒCH, CÒIG, CÒYG, CÒG, m. — Cou, passage étroit, col de montagne, sommet.

Còt d'Homy, Còt de la Yègue, Còt dets Mounges, Còt de Labasse.

COUBOU, m. — Lieu où les eaux disparaissent pour sourdre plus loin.

Lac dets Coubous (Lac d'Escoubous Etat-Major), au Sud-Est de Barèges.

COUDÈT, m., COUDÈRE, f. — Petit contrefort, épaulement de Montagne.

COUE, f., pl. COUES. — Champ ou pré qui se termine en forme de queue.

CIÙTAT, *Cieutat* (v. d'Aure), CIPDAT, vieille ortographe peu correcte, f. — Cité.

CLA (anc. CLAR), f. CLARE, adj. — Clair, brillant.

Ríu Cla, ruisseau du versant Nord-Ouest du pic des Bains.

CLAU, f. — Clé. *(Clau,* m., clou.)

CLAUDI, CLÀUDER (anc.), v. — Clore.

CLAUS, participe passé. — Clos.

CLAUSOU, f. — Fermeture, fortifications.

CLAUSIOU, f. — Clôture.

CLAUSURE, f. — Clôture, enceinte fortifiée.

CLÉDAT, m. — Parc, clôture faite de claies, où l'on enferme les brebis, les moutons: troupeau.

V. *Barguère* et *Clède.*

CLÈDE, f. — Claie, barrière de champ, civière.

V. *Cledat* et *Barguère.*

CLÈQUE, f. — Crête, la crête du coq.
V. *Clique.*

CLIQUE, f. — Pointe d'une montagne.
V. *Clèque.*

La Clique de Germ.

CLÒS, m., CLÒSO, CLÒDO, f. — Terrain enclos. *Cloudèl,* m., *cloudète,* f., dim.

CLÒT, m., CLÒTE, f. — Trou, creux, bas-fond, fosse, enfoncement, précipice. Dim. *Cloutèt.*

Las Clòtes, Eres Clòtes, montagne de la haute vallée d'Arrens ; Clòt de Cayan, Clòt de Culaus. Clòt de la Hount, Clòt de Counténte, etc.

CLUSE, f. — Fissure du sol par où les eaux s'écoulent, passage resserré.

Aygues Cluses. Cf. **Arrancluso** (Rencluse).

COULOUM (anc. COLÓM), m. — Pigeon.

COULOUME, COULOUMBE, f. — Colombe. Dim. *Couloumcte.*

COULOUMÈ, m. — Colombier, pigeonnier. *Couloumère,* même sens.

COUME (formes anciennes : COMBA, COMBE, COMBO, COUMBA, COUMBE, f.) — Désigne invariablement une partie *concave* du sol. (Cf. grec, *Kumbos,* enfoncement, cavité, objet creux ; par extension, vallée, vallon, ravin.) *Combe,* en français, désigne une vallée, un ravin peu étendu entre deux montagnes.

Las Coumes de Peguère, dets Chourdoasses, etc., désignent des ravins, des combes.

COUME, COUMA, COUMO, f., exprime aussi une idée *d'entassement et de relief.* Cf. latin *Cumus,* colline, monticule, amoncellement, protubérance terrestre. Espagnol : *Cúmbre,* signifie : cime, faîte, presq. rég. de culminem, pour culmen. Cf. latin *Cumulus.* En français : *Comble.*

Pic de Cómolo Forno, en Espagne ; la **Coume dera Yègue,** la **Coume d'Arriuné,** etc. désignent des reliefs du sol, des sommets.

COUMÉTE, f. — Dim. de *Coume.* V. ces mots.

COUMALADE, f., COUMALAYE, f. — Dérivés collectifs de *Coume.*

COUMÈRE, f. — Dérivé de *Coume.* V. ces mots.

COUNIIÉT, CUNHÉT, COYNHÉT, m. — Ruche d'abeilles.

COUNILH (anc. CONILH), m.— Lapin.

COUNJÈSTRE, f. — Neige amoncelée par le vent.

V. *Counyèstre, Cernélhe et Sernélhe.*

COUNTÉNTE, f., CONTÉND (anc.), m. — Contestation.

Clòt et Col de Counténte (région du Cabaliros). Pâturages jadis très contestés entre l'abbé de St-Savin et les bergers d'Arcizans-Avant.

Col de Conténda, sur la frontière, territoire indivis entre les Espagnols et les Aspois.

COUNTENTÈ, CONTENDÈ, m. — Territoire indivis entre deux communes, sujet à contestation.

COUNYÈSTRE, f. — Petits dépôts de neige sur les crêtes.

V. *Cernélhe, Sernélhe et Counjèstre.*

COUR (anc. et commingeois COURT), f. — Cour destinée aux étables, bercail.

COURADE, f. — Grand col ; long défilé ; suite, ligne de crêtes. Parfois, petit vallon. Cf. en latin *collis,* avec la désinence collective *ada, de atu,* d'où *couráda,* hauteurs, crêtes, et aussi *collum,* cou, gorge. Cf. *Coume,* pour ces deux sens de creux et de relief.

Courade deras Agudes, série de crêtes depuis le Soum des Agudes jusqu'au pic d'Ardiden. **Courade de Cardéda** (Barèges) ; **de Culaus ; du Vignemale ; de Gerretélh** (Marcadau) ; **det Pòrt** (près l'anticosa, Aragon) ; **det Portèt** (près Linas, Aragon).

COURADÉTE, f. — Dim. de *Courade.*

Couradéte de Bourc-Dessus, petit couloir, au-dessus du hameau de Catarrabes.

COURAU (anc. CORAU), m. — Cœur de chêne.

COURBAS, COURBACH (anc. orth. COURBAIX), m. — Corbeau *Courbasse,* f., femelle du corbeau. (*Croubas,* métathèse.)

COURBASSÈRE, f. — Endroits où il y a beaucoup de corbeaux.

COURBASSINE, f. — Corneille.

V. *Chabe.*

COURB, m., COURBE, f. — Terrain d'aspect courbé, pli de terrain. Dim. *Courbét.*

> Pèyre Courbe, chaînon circulaire au Sud du Cabaliros; Péne Courbe, grand rocher circulaire sur le flanc du Pic de Nest, au Sud Ouest du pont d'Espagne. Courbét, petit cirque au-dessous des crêtes du Lis, vallée du Camp Basque. Montagne de Courbét, vallée d'Aure, etc., etc.

COURBÈRE, f., COURBATÈRE, f. — Adjectifs caractérisant le terrain.

V. *Courb.*

COURÉT, m. — Petit col. Point culminant d'un col. Haut d'une rampe (vallée d'Aure).

> Couret de la Habassòle, petit col entre le Mont-Aigu et la Cardinquère. (Marcadau.)

COUROUNALES, f. pl. — Crête qui couronne une hauteur.

> Pic de Courounales, à l'Ouest de la vallée du Marcadau, crête qui couronne la région du Pic Arrony et de Castèt-Abàrque.

V. *Couroune.*

COUROUNE, f. — Couronne. Chaîne de montagnes en forme de cercle.

COUROAU, m. — (Augm. de COUROU(N)E). Monticule arrondi, couronné.

> Couroau det Bouc, Couroau de las Agudes, Pic det Couroau, Couroaus de Culaus.

COURRAU, m. — Maison d'habitation avec propriété, enclos et communs attenants. Souvent aussi bercail. cour de ferme.

V. *Cour, Courtau.*

COURTAU, m. — Basse-cour, enclos, bergerie, bercail.

COUSTALAT, m. — Côteau.

V. *Coste.*

COUSTAU, m. — Côteau (vallée d'Aure).

COUSTÈ (anc. COSTER), m. — Petite habitation attenante à une plus grande.

COUSTÈT, m., COUSTOU, m. Raidillon.

COUSTUT, adj. — Montueux.

COUTURE, f. — Terre cultivée (anciennement). (Etym. *cultura,* régulier.)

COUTZ (anc. COOTZ). m. pl. — Anciennement, pâturages ceints de bornes servant de clôtures.

> Lou Cout, ou Coutz, noms de divers hameaux. (Etym. *cultos,* terrains cultivés.)

COUYÈRE, f. — Endroit où l'on tond les moutons.

COUYLA, m. — Gîte des bergers et de leurs troupeaux dans la montagne.

V. *Cuyéu, Cuyela,* etc.

CRABAROLE, f. — Jonquille, fleur préférée par la chèvre *(crabe).*

CRABE, f. — Chèvre.

> Pic d'Escòrne-Crabe. Pas dera Crabo, vallée d'Aure.

CRABÈ, m., CRABÈRE, f. — Chevrier, chevrière.

CRABÈ, adj. m. — Où passent les chèvres.

> Pount Crabè, route des Eaux-Chaudes. Mount Crabè, vallée d'Aran.

CRABÈRE, adj. f. pris subst. — Endroit où il y a des chèvres.

> Pic de Crabère, près de St-Béat ; Bat-Crabèro, Val Crabère ou Cabrère (Vallis Capraria), près St-Bertrand de Comminges.

CRABARIS, m. — Troupeau de chèvres.

Las Crabaris, pont sur le ravin du Rin-Tou, route de Cauterets.

CRABIT, CRABÒT, m. — Chevreau.

Cf. **Crabidères,** canton forestier à l'Est de la vallée de Lutour.

CREMADE, f. — Étendue de montagne où l'on a mis le feu aux genêts et aux bruyères afin que l'herbe y croisse.

CRÉSTE, f. — Crête.

CRISTAU, CRISTALH, m. — Cristal.

Pic Cristalh, à l'Est du Bat-Laytouse ; a tiré, sans doute, son nom des filons de quartz qui constituent le fonds de cette région.

CROUTS ou CROUTZ (anc. CROTZ, CROZ), f. — Croix, bornes.

Turoun dera Crouts, tertre-borne, au Nord du **Plâ de la Gôle,** limite entre les communes de Cauterets et de Bun.

CUBOUCH, m. — Sommité de collines de forme arrondie. Versant d'un toit ou lieu creux entre deux toitures.

CUÈBE, f. (comme COÈBE). — Creux de rocher servant d'abri aux bergers. (Espagnol *Cueva.*)

V. *Cácou, Caube* et *Còbe.*

CUJALÀ, m.

V. *Cuyéu.*

CUJÉU, m.

V. *Cuyéu.*

CUYALA, CUYELA, m. — Partie de terrain réservée aux gîtes des troupeaux dans la montagne. Cabane de berger.

V. *Cuyéu, cujéu, cuyolar, coeyla, cujala.*

CÚLA, f. — Dos d'une montagne, fond d'une vallée. *Cularôt,* dim.

V. *Culaus.*

CULAUS, m. pl. — Extrémité, fond d'une vallée.

Pic de Culaus (écrit parfois **Culaous**) ; **Col de Culaus :** ce col donne accès, de Lutour, dans le versant de Gèdre. Ce pic, vu de Cauterets, semble fermer la vallée.

Autre Pic de Culaus, au Sud-Est de la **Badéte d'Aubiste.**

CUYÉU, CUYELA, m. — Ces deux expressions désignent, indifféremment, le parc où les troupeaux passent la nuit et la cabane du berger qui y est située. Elles s'appliquent à la station passagère des troupeaux et des pasteurs dans la haute montagne.

V. *Cuyala, Coeyla.*

Hount det Cuyéu Coup, Cuyéu Galayè, Cuyéu de Gòrry, Cuyéu de Labasse, etc.

DABANT. — Devant, pour *Est,* levant.

Dabant Aygue, partie de la vallée d'Argelès, à l'Est du Gave (et plus précisément de la Barège). (Les quatre expressions *debat, dessus, dabant* et *darrè* désignaient les quatre points cardinaux, Nord, Sud, Est et Ouest.)

DABANTAU, m. — Fronton.

DABANTÈ, adj. — Qui marche devant, en tête.

DABARA, DEBARA (anc. DEBARAR), v. — Dévaler, descendre.

DEBARADE, f. — Descente.

Cap deras Debarades, haut de la côte du Limaçon, appelé dans le pays, *Limaçous.*

DARRÈ (DARRER, anc.) — Derrière, pour Ouest, opposé de *Dabant.*

Darrè Aygue, partie Ouest de la vallée d'Argelès, rive gauche ; Boulh-Darrè et Boulh-Dabant (H.-P.) ; Darrè-Spumous, à l'Ouest des cascades de ce nom (Gaube).
V. *Dabant.*

DARRERAU, m. — Derrière, ce qui est derrière ; fortification en arrière de la partie avancée. — *Darreraus,* m. pl., terrains éloignés des habitations.

DARROUCA (anc. DARROCAR), v. — Arracher, abattre, démolir.

DAUNE, f. — Maîtresse de maison, dame.

Et Prat des Daunes, près Luchon.

DAURAT, adj. — Doré, de couleur d'or.

DEBAT, DEBATCH, DEBAYT. — Sous, dessous, Nord ; le bas. Indique une situation inférieure par rapport à un autre point.
V. *Dabant.*

Councè-Debat, Bourg-Debat (Cauterets).

DEBÉDE, DEBÉSE, f. — Défense, terrain prohibé. D'où *les Devèze, Laderèze,* etc.

DÈC, DEG, m. — Limite, étendue de plaine, ou de montagne limitée.

DECIMÁRI, DESMÁRI, m. — Dimerie, étendue du territoire où l'on percevait la dîme.

DEHÉNS, DEGUÉNS, DEDÉNS, adv. — Dans, dedans.

Las Agudes de Dehéns, quartier de Lutour.

DEHÒRE (anc. DEFÒRE), adv. — Dehors.

DEMOURANCE (anc. DEMORANCE), f. — Demeure, habitation, domicile.

DEMIÉY, m. — Milieu.

DENDÉLHE, f. — Lentille.

DÉNT, f. — Dent. *Drèt de dént,* droit de pacage.

DESBASTIT, m. — Lieu, place où il n'y a point de bâtiment, de construction.

DESBÍE, f. — Embranchement de chemin.

DESBIA (anc. DESBIAR), v. — Dévier, détourner.

DESÈRT, m. — Désert.

DESFREDA (anc.), DESHEREDA, v. — Refroidir.

DESBOUHILHA, v. — Déterrer en fouillant.
V. *Bouhou.*

DESGELADE, f. — Dégel.
V. *Desyelade.*

DESQUISSA, v. — Déchirer.

DESSUS. — Sur, dessus. Sud. Partie haute de la montagne. Indique ce qui est en haut, par rapport à un autre point.

V. *Dabant.*

Councè-Dessus, Bourg-Dessus.

DESTÒR, m. — Dégel.

DESYELADE, f. — Dégel.

V. *Desgelade.*

DÍE, m. — Jour.

DÍU, DIÉU. — Dieu.

DOMÁNI, DOMAYNE, m. — Domaine.

DOMÈC, m. — Château et domaine du « domanger », propriétaire noble.

DOMENJADURE, DOMENYADURE (vieilli), f. — Fief que tenait le domanger ; propriété noble.

E

ÉGOA, ÉGOE, (ÈGOS, f. pl.). — Jument. (*Yèccùo*, louronnais ; *Èggùa, Jèggùa,* dans la région de Luchon.)

V. *Yéga.*

EMBÈRS, EMBÈS. — Côté opposé à l'endroit ; côté opposé au *Carassou,* Midi ; donc, Nord.

EMPENAT, adj. — Se dit du bétail embarrassé dans les rochers, les pentes abruptes.

EMPRADI, v. — Convertir un champ en prairie.

EMPRENHADÉ, adj. — Qui a un principe fécondant. *Las Emprenhadéres,* eaux contre la stérilité.

EMPRÉYS, EMPIÉRS, EMPIÉYS. — Encorbellement, pierres en saillies.

ENDRÉT, m. — Endroit. Opposé à envers.

V. *Embèrs* ou *Embès.*

ENGOULÉT, m.

V. *Goulét.*

EN-HECHAT, f. EN-HECHADE, adj. — Tombé, placé dans un endroit difficile. De *en* (en) et *hèche.* V. ce mot. Ayant adopté le *nh* pour le son *n* mouillé (esp. *ñ,* fr. *gn.*) il faut, ici, mettre un trait d'union pour qu'on ne croie pas à une élision.

ENSOURELHADE, f. — Rayonnement du soleil, action de ce rayonnement.

ENSUS. — En haut.

V. *Dessus.*

ENTRAT, m., ENTRADE, f., ENTRADÈRES, f. pl. — Entrée, entrée d'un village, d'une vallée, etc.

ENTUHAT, adj. — A touffe dressée ; fier.

EOU, HEOU, ÜOU, HÜOU, HÏOU. — Lac, étang. (Orth. anc. *Eoo.* Cette dernière notation, trouvée dans d'anciens textes, nous paraît mauvaise, à moins qu'on n'ait dit jadis *E - O).* — Ce mot est très curieux, il est difficile d'en spécifier nettement l'origine ; c'est un reste d'une langue primitive. Faut-il en rapprocher le grec, *Eon,* rivage ? le sanscrit : *Av, Aw, Ev,* élément liquide ? l'aragonais : *Ibón,* étang et le luchonnais : *Boum,* mots également très spéciaux. Les dénominations suivantes données à des lacs proviennent certainement de la même origine :

> Lac d'Ilhéou, près de Cauterets ; Lac Lhéou ou Bleu, près de Barèges ; Col de Heous, près des lacs d'Ayous et d'Aule, Pic de Yéous, au-dessus du lac d'Isabit ; Soussoueou, région lacustre dans la Vallée d'Ossau.

V. *Huou.*

ÈR, m., pour *Ayre*. — Air.

ERA, f. — Article : *la*.

V. *Ét.*

ÈRE (anc. ÈRA), f. — Aire.

ESCALE, 'SCALE, f. — Échelle ; rampe assez forte d'un chemin plus ou moins en escalier. Dim. *Escaléte.*

Escale de la **Pourtère**, vallée du Marcadau.

ESCALÈRE, f. — Endroit où il y a des passages en escalier.

Escalère **Toue**, vallée de Cauterets.

ESCALÒT, m. — Marchepied, petite échelle.

ESCAMPARRAT, adj. — Éloigné, écarté ; se dit des maisons isolées, loin de tout voisinage.

ESCANA, v. — Égorger.

Escána-**Gat** (égorge chat), cascade dans la vallée de Goret.

ESCANATÉ, m. — Endroit resserré, mauvais lieu, coupe-gorge.

ESCARBALH, m. — Hanneton.

ESCARLATE, f. — Fenouil, espèce d'armoise.

ESCARP, ESGARP, adj. — Séparé, divisé. Terre *escarpe*, terre meuble.

ESCAS, adv. — Court, en petite quantité.

ESCAYRADÉ (anc. ESCARAYDER), m. — Endroit où l'on équarrit. Cf. *Coayra* (p. *quoayra)*, équarrir. [Forme ancienne : *cayrar* ou *quoayrar*, s. d.] et *Escayre*, équerre.

Ravin Escayradé, sur le versant N.-O. du Pic des Bains.

ESCAYRAT, adj. — Équarri, poli sur les angles.

ESCHAGAT, m. — Torrent de pluie.

ESCHARDINES, f. pl. — Litt. sardines. Espèce de fougère croissant le long des murs.

ESCHARRE, f. — Taupe-grillon ou courtilière.

ESCHARTIGA (anc. EXARTIGAR), v. — Essarter, défricher, émonder.

ESCHERBIC, m. — Précipice.

ESCHÉU.

V. *Sahuc* et *Yéu.*

ESCHOADIS, m. — Éboulis, amas de matières éboulées.

V. *Huchou.*

ESCHÒLE, f.

V. *Huchòle.*

ESCOURNA, v. — Écorner.

Pic d'Escòrne-Crabe (Pic d'Écorne-Chèvre), à l'Ouest et au-dessus d'Uz. V. *Còrn.*

ESCRÒCA, f. — Brèche.

ESGARRATALH, m. — Grand éboulis, brèche de moraine.

ESLÉNC, f. — Glissant.

ESLENCA, ESLINGA, ESLINSA, v. — Glisser.

V. *Lit* et *Eslita.*

ESLINSATÉ, m., ESLINSATÈRE, f. — Glissoire.

ESLINSÈTE, f. — Petite glissoire.

ESLITA, v.

V. *Eslenca* et *Lit* et *Lita.*

ESLUR, m., ESLURRES, f. pl. — Avalanche.

V. *Lit.*

ESLURRADÉ, m., ESLURRADÈRE, f. — Glissoire, chemin frayé par l'avalanche, ou par les arbres que l'on fait glisser du haut de la montagne.

V. *Eslenca* et *Eslita.*

ESPALLE, f. — Épaule.

ESPARBÈ, m. — Épervier. D'où l'adj. fém. *esparbère*, dans *Tuque Esparbère*. vallée d'Aspé.

ESPELUGUE, f., ESPELUNC, m., ESPELUNGUE, f. — Grotte, antre.
> V. *Espugue*.

ESPELUNGUÈRE, f. — Lieu où il y a des grottes.

ESPERRECAT, f. ESPERRECADE, adj. — Déchiré (du verbe *esperreca*, déchirer une étoffe). D'où *Pène Esperre-cade*, vallée d'Aure.

ESPIAUP, m. — Aubépine.
> Montagne de l'Espiaup, sur la crête qui sépare le Larboust de la vallée d'Oueil.

ESPIC, m. — Lavande.

ESPÎ, m. — Aubépine, arbrisseau, et autres arbrisseaux épineux ou ana-logues (prunelliers, nerpruns, etc.)

ESPITAU, m. — Hôpital.

ESPIA-BLANQUE, f. — Aubépine.

ESPIÉT, m. — Lieu où il y a des prunelliers ou nerpruns. (Dér. d'*espî*.)

ESPIASSÈRE, f., ESPIADÉT, m., — Même sens.

ESPITE, f.
> V. *Pite*. Espite Dessus, quartier du Pic de Soulom.

ESPÒNE, f. — Bord du lit, côté de la ruelle ; colline, versant ; pelouse en bosse sur le versant d'une montagne ; rive ; excavation profonde, précipice. S. d. du latin *Sponda*, bord du lit.
> Espòne, plateau du versant N. du Peyrenère, au-dessus de Catarrabes.

ESPOUNE, f. — Excavation profonde, précipice.
> V. *Espòne* (s. d. identique).
> Plateau et ravin d'Espoune, à Cauterets.

ESPOUNÈRE, f. — Endroit où il y a de grandes excavations, des précipices.

ESPOUNÉTE, f. — Dim. d'*Espoune* ou d'*Espòne*.

ESPUNHE (anc. ESPOENHA), f. — Pierre poreuse, spongieuse.
> Rocher dit de l'Espunhe, à Can-céru, près Cauterets.

ESQUÈR, adj. — Gauche (main), à gauche.

ESPUGUE, f. — Caverne, grands abris sous roche, espèces de grottes où le bétail peut se réfugier.
> V. *Espelugue, f., Espuguère, f.* Dim. *Espuguéte, f.*
> Espuguéte, canton cadastral (Cau-terets), Crête de l'Espuguéte, vallée de Gaube ; Lac de l'Espu-guéte, versant de Luz, derrière Bat-Houradade.
> Espugue de Milhas, vallée d'Os-soue.

ESPUMOUS, SPUMOUS ou ESPLU-MOUS, adj. — Écumeux, écumant.

Les cartographes ont confondu *espu-mous* ou *esplumous* avec *plumous*.
> Espumous, cascade au S. du lac de Gaube. Plumous (pour Spumous, ou Espumous), série de cascades sur le Gave d'Aspé, qui ont donné le nom à un quartier de montagnes.

ESQUÉRE, ESQUÍRA. — Clochette sonnaille. On la suspend au cou des moutons ou des vaches.
> Calhau de la sante Esquére, gros bloc, au-dessus et au S. du Plà de la Gèle.

ESQUÉS, m. — Herbe à trois faces, dont l'une est concave, qui croît sur le haut des montagnes.

ESQUIA, m. — Fétuque à feuilles aiguës et dures. *Festuca eskia*, Ram.

ESQUIE (anc. ESQUINE), f. — Échine, dos ; arête d'une colline.

ESQUILHOUTÈ, m. — Noyer. *Esqui-lhòt,* m., noix.

ESQUIRÒU, ESQUIRÓ, m. — Écureuil.

ESTAING. — Pron. *Estang,* et v. ce mot.

ESTALH, m. — Troupeau.

ESTALOU (anc. orth. ESTALOO), m. — Pilier, étai, étançon.

¹ ESTANH (ESTAING), m. — Étain.

> Còte de l'Estaing, au-dessus de Pierrefitte, quartier de la mine. Les montagnards appellent étain le minerai de plomb de cette région.
>
> Lac d'Estaing.

² ESTANH (ESTAGN), m. — Étang. Dim. *estagnét, estanhèu.*

> V. *Estang.*

ESTANG, m. — Étang.

> V. *Estanh.*

ESTANTÈRE, f. — Còté d'un champ qui surplombe.

ESTIBA (ESTIBAR), v. — Passer l'été.

ESTIBE, ESTIBÈRE, f. — Pâturages d'été, généralement dans les parties supérieures des montagnes. Dim. *Estibéte,* petites parcelles de pâturages, dans les plus hautes régions.

> 1° Estibe : Estibe Haute, pic et lac, à l'Ouest du lac d'Estòm (Lutour) ; Estibe de Lis (vallée du Camp Basque) ;
> 2° Estibère : Pic d'Estibère, haute vallée d'Azun ; Estibère Male, ou Pic Vierge ; Montagne d'Estibère, près du Col de Peyresourde.
> 3° Estibéte : Estibéte dets Mounges ; Estibéte d'Estòm, de Limouras, dera Yasséte, det Mayourét.

ESTÍU, m. — Été. *Estibét,* m. dim.

ESTIUÈRO, m. ou ESTIEUÈRO, f. — Lieu sec, aride (vallée d'Aure et Comminges). Identique à *Estibère.*

ESTRADE (anc. STRADA), f. — Chemin pavé.

ESTRANGLA, ESTRANGOULA, f. — Étrangler.

ESTRANGOULHOUN, m. — Gorge très resserrée. (Vallée d'Aure.)

ESTRÉM, m. — Còté, extrémité, bout.

ESTREMADE, f. — Hameau éloigné du centre de la commune.

ESTREMAUS, m. pl. — Parties éloignées, terrains incultes ne servant qu'aux pacages.

ESTRÉME, f. — Nom donné en Lavedan aux vallées latérales éloignées du centre.

> Estréme de Salles, vallée secondaire à l'Ouest du Gave (vallée d'Argelès); Estréme de Castelloubon (vallée d'Argelès), à l'Est du Gave.

ESTREMÈ, f., ESTREMÈRE, adj. — Qui est au loin.

> Pic d'Estremè[r], sur la frontière, au Sud de la vallée d'Ossau.

ESTRÉT, f ESTRÉTE, adj. — Étroit.

> Coume Estréte. Vallée de Barèges.

ESTUPAS, m. — Sol formé de concrétion calcaire. Source pétrifiante.

> Cf. Edj Estup de Playant, près de Luchon.

ESCHIBERNA, EXHIBERNA (anc. orth.), *(sch* se prononce *chch),* v. — Hiverner. Se dit des troupeaux qui sont conduits dans des pâturages exposés au soleil.

ESCHIBERNÍU, EXHIBERNÍU (anc.),
— Lieu où le bétail hiverne.

> V. *Ibernau.*

ESCHÒLE, f., EXÒLE (anc. orth.).

> V. *Buchòle.*

ÈT, m. — Article : *le.* Usité dans
toutes les Pyrénées gasconnes, sauf la
haute vallée d'Ossau.

> V. *Era* et *Lou.*

ÉS ou ETS, pl. — Article : *les.*

ÉS. — Préfixe (sans doute de *Ad
ipsum, ad ipsos, ipsas).* Ex. *Espouy,
Esbas,* etc.

> V. *la Préface.*

ÉU. — V. *Eou.*

F

F. — Presque tous les mots qui com-
mençaient par *F* se prononcent aujour-
d'hui avec *H.* Pour éviter un double
emploi, nous les avons donc reportés à
la lettre *H,* où l'on trouvera d'ailleurs
souvent leurs formes anciennes citées
à la suite de leurs formes modernes.
Les transcriptions françaises ont main-
tes fois conservé l'*f* primitive. (*Ferrère,* quand on dit *Harrèra,* etc.)

FACHE, f. — Ceinture.

> **Pics de la Grande et de la Petite
> Fache.** (Haute vallée du Marcadau.)

FAUCOU, anc. FAUCON, m. — Faucon. D'où sans doute *Roque Fouquère.*

FITTE, FITE, anc., f. — Borne, limite ;
domaine. Forme conservée dans les
transcriptions françaises *Lafitte, Pier-
refite,* communes.

> **Port de Pierrefitte,** entre la vallée
> d'Oueil et la vallée de Louron. (En
> oueillais *Pôrt de Peyrahita).* Peyra-
> fitte et Lafitte existent aussi comme
> noms de famille.
> - V. *Hite.*

FONT, f. — Fontaine, source. Anc.
forme de *hont, hount.* Actuellement,
forme aragonaise ou catalane, se trou-
vant dans des mots d'origine espagnole.
Font-Fria, source froide, près du port
du Marcadau.

> **Ruisseau de Fonfry, Port de
> Fonfry** *(sic).* **Cabane de Fon(t)-
> Blanca,** vallée esp. d'Añisclo.

FORASTADYE, FORESTADYE, m.
anc. — Usage des bois (droit d'usage).

FORC, FOURC, m. — Bois, lieu
planté d'arbres et particulièrement de
chênes. Dans un autre sens, Forc (m.),
Forca (f.), sont les formes anciennes
(et actuellement espagnoles) de Hourc,
Hourque, qui signifient *sommets four-
chus.*

FORCA, f.

> V. *Forc.*

FORCADE, FOURCADE, f. — Bois
de chênes. *Lahourcade,* commune. *La-
forcade,* bois.

FOURASTAA, m. (anc.). — Bois,
forêt.

> V. *Ahourès.*

FORQUIÉTE, f. — Dim. de *forc* ou
forca, au deuxième sens.

> **Forquétes de Piedrafitta** (Aragon).
> V. *Forc.*

FRÉCHOU, m.

> V. *Herèchou.*

G. — Dans notre région, le *g*, devant *e* et devant *i*, est remplacé par le *y*. (V. la remarque en tête de *J.*) Chercher donc par *Y* les mots qui ne se trouveraient pas à *Ge*, *Gi*.

GABARN, m. Dérivé de *gabe*(?) ou de *gabarre* (?).

> **Les landes de Gabarn** (Oloron et Herrère), sur l'ancien cours du gave. D'où sans doute aussi *Gabarnie* (Gavarnie), commune.

GABARRA, m., **GABARRÈRE**, f. — Lieu planté d'ajoncs épineux, généralement sur les rives d'un cours d'eau.

GABARRE, f. — Ajonc.

GABARRÉT, m. — Comme *Gabarra*.

> **Gabarrét d'Argelès, Gabarrét de Lau ; Gabarrét**, commune de Lucq (Basses-Pyrénées) ; ruisseau, commune de Aydius (Basses-Pyrénées).

GABARRÒT. — Dim. de *gabarre*.

> **Gabarròt**, ruisseau, commune de Ribarrouy (Basses-Pyrénées).

GABAS, m. — Augm. de *gabe*, gave.

GABE, m.

> V. *Gave*.

¹ **GABÉT**, m. — Petit gave, bras du grand Gave.

> **Gabét**, près de Mauhourat (Cauterets).

² **GABÉT**, m. — Rhododendron.

> V. *Garét* et *gauèt*.

GABETA, m. — Lieu couvert de rhododendrons.

GABÎ, m. — Comme *Gave*.

GAHUS, GUEHUS, GUEÜS, m. — Hibou, chat-huant.

> **Passade det Gahus**, passage du hibou. (Région du Pic de Chabárrou.)

GALAFRE, GALÈFRE, f. — Précipice.

GALAY, m. — Éboulis. *Galayas*, m., augmentatif.

GALAYE, f. — Brebis pour la boucherie, brebis folle, coureuse.

GALAYÈ, adj., dérivé de *Galaye*.

> **Cuyéu Galayè**, entre la Hourquéte de Pòrt Cabàra et le col d'Auribarélhes, à l'O. du pont d'Espagne.

GALICÒRSE, f. — Entonnoir.

> V. *Galigòrse, Galihòrce*.

GALIGÒRSE, f. — Mauvais endroit dans une gorge, dans un bas-fond, précipice.

> V. *Galicòrse*.

GALIHÒRCE, f. — Fondrière, précipice.

Ce mot et les deux précédents sont des variantes de la même forme.

GALIHÈRE, f. — Ravin étroit et profond.

GALUTRE, f. — Entonnoir.

GANGUE, f. — Arête, ligne de jonction de deux versants de montagnes. Dim. *Ganguét*.

> **Gangue Tucoère**, à l'O. d'Arréus. **Soum de Ganguét**, sommet de la petite crête (H.-Pyr.).

GARAYLE, f. — Choquart, corbeau de montagne.

GARBÈRE, f. — Meule de gerbes ; les gerbes ; la moisson.

GARBOUT, m. — Pousse rabougrie de hêtre. Boursouflure, bosse.

GARBOURISSE, f. — Lieu planté de *Garbouts*.

GARDE, f. — Sentier bordant un précipice. Dim. *Gardéte.*

¹GARÉT, m. — Couloir dans le lit d'un torrent, d'un ruisseau.

²GARÉT, m. — Rhododendron, arbuste toujours vert qui pousse dans les hautes régions.

> V. *Gabét* et *Gauét.*

GARGANÉT, m. — Gosier, se dit aussi pour un petit ravin, un couloir.

> V. *Gargante.*

GARGANTAU, m. — Augm. de *Gargante.*

GARGANTE, f. — Gorge profonde et resserrée, crevasse (Aragon) ; passage entre deux montagnes.

(Gargante signifie gorge, gosier, donc même sens primitif que *Goule.)*

> V. *Garganét.* Cf. le larboustois *Garánta,* f.

GARIBASTE, f. — Terrain en surplomb sujet à des éboulis.

> V. *Garrabouste.*

GARIÉ, f. — Poule. *Trauc garié,* trou où passent les poules. *Eres garières,* endroits fréquentés par les poules de bruyère lorsqu'elles nichent. Le masculin *Carié* a s. d. le même sens.

> V. *Pabesse.*
> Pic dets Gariès, à l'Est du Pic de Chanchou.

GARIMBAUT, m. — Mauvais pas, précipice.

GARLÉ, m. — Terrain marécageux, humide.

GARRABOUSTE, f. — Taillis fourré.

> V. *Garibaste.*

GARRIÉ (anc. GARRIER), m. — Taillis.

GARRIGUE, f. — Chênaie et aussi terre inculte, pâturage.

GARRÒC ou GARROT, m. — Rocher en saillie, escarpé, dominant, dentelé ou entaillé.

> V. *Arròc, Carròt.*
> Garròc Arrouy, rocher rouge, près de Hount Arrouye.

GAT, m. — Chat.

> Cascade Escàna-Gat, vallée de Jerret.

GATÉ. — Lieu pour le chat. *Hourats gatés,* nom pour désigner des cavités.

GATÈRE, f. — Trou au bas d'une porte pour les chats. Dans la montagne, *gatère* désigne les creux, les cavités dont les rochers sont crevassés, habités ou habitables par des chats sauvages.

> La Gatère, parois du vallon de Bouchard, sur les flancs de l'Ezcuzàna, en Aragon ; ces parois sont crevassées de trous.

GAUARDE, f. — Églantine (fruit de l'églantier) et aussi églantier.

GAUARDÉ, m., GAUARDÈRE, f. — Églantier et endroit peuplé d'églantiers.

GAUECA, GAUEGA, m. — Endroit peuplé de rhododendrons.

GAUÉT, m. — Rhododendron.

> V. *Gabét* et *garét* (Luchon, *gauèc.*)

GAUTE, f. — Bouche, bouche béante, joue, ouverture. *Gautéte, gautine, gautòte,* dim.

GAVE, transcription française de GABE (autres formes dans les anciens textes : GAVER, GAUER, GAUE) ; V. *Cabas, Gaba* et *Gabi.* Torrent, rivière, gave. On trouve des traces du mot *gabar,* des Pyrénées à la Garonne, dans la région primitivement occupée par les Aquitains ou les Ibères et plus tard par les Celtes. Ce mot appartient peut-être aux vocabulaires primitifs de l'Ouest pyrénéen. Cf. basque, *khaba, kabea*, creux, trou ; celtique, *cau, cav, caver*, ruisseau ; gothique, *ahva* ; tudesque, *awa*, fleuve.

> **Gabe, gave,** nom appliqué aux rivières des Pyrénées, entre le pays de Soule (Bass.-Pyr.) et la haute vallée de l'Adour (Haut.-Pyr.). **Gave de Cauterets,** formé par les gaves de Lutour et de Gerrot ; le **Grand Gave,** le Gave Béarnais, appelé **Gave de Pau,** plus bas, sorti du Lavedan, et où se jettent les Gaves de Cauterets et d'Azun, etc., etc.

GÈGOA pour **JEGOA.**

> V. *Yèga* et *Ègoa.*

GEGOASSÈ pour **JEGOASSÈ.**

> V. *Yegassè.*

GÉMBRE, m., **GÌBRA,** f.

> V. *Gimbre.*

GENÈBRE, m. (*e* fermé atone). — Genièvre.

> V. *Gimbre.*

GENEBRÈRE, f. — Lieu planté de génevriers.

GÈR, m.

> V. *Yèr* et *Gèrm.*

GERRÉT, m. — de *Gèr, Yèr ?*

> **Vallée de Gerrét, Montagne de Gerrét.**

GÈRI ou **JÈRI,** s. m. — Lieu froid où ne se voit jamais ni le soleil ni la lune. (Vallée d'Aure.) (Etym. *gelidum ?*)

GÈRLE, pour **JÈRLE,** f. — Ilot.

> V. *Irle.*

GÈRM, m. — Prairie. On y distingue le domaine — prairies avec granges et habitation temporaire des bergers — puis le *gèrm*, situé à 400 ou 500 mètres au-dessus. (Le Play.)

A Luz, on célébrait deux fois par an le départ des bestiaux pour la montagne et leur retour au bercail, sous le nom de *fête des germs.*

> V. *Yèr*, qui est la véritable forme locale *actuelle*, *gèrm* en étant une presque correcte transcription française.

GÍBRA, f.

> V. *Gimbre.*

GÍMBRE, m., **GINÈBRE,** m., **GENÈBRE,** m. (*e* fermé atone). — Genièvre.

GLANDÈRE, f. — Abondance de glands.

GLARÈ, m.

> V. *Glère.*

GLERALII, m.

> V. *Glère.*

GLÈRE, f. — Gravier, grève, rive ou pente couverte de graviers.

GLERÈ, m.

> V. *Glère.*

GLOURIÉTE, f. — Terrasses successives dans les montagnes.

GLUCH, m. — Flaque. *Lou gluch* est, dans le lit d'un ruisseau, la flaque que le courant ne traverse pas.

GOÉLH, m. — Source (litt. œil).

> V. *Oèlh*, source.

GOÉLH, m.

> V. *Oèlh.*
> **Goélh de l'Arròs,** source de l'Arros (Haut.-Pyr.)

GOLE, f.

> V. *Goule.*
> **Pla dera Gòle,** vallée du Marcadau.

GÒRCE (écrit encore **GÒRSE** et **GÒRSSE**), f. — Précipice, ravin au fond duquel coule un cours d'eau.

> V. *Galigòrse.*
> **Gòrse,** canton cadastral, tout près de Cauterets. **Ruisseau de la Gòrse** ou du **Lisey.**

GORG (forme ancienne), m.

> V. *Gourg.*

GÒRYE (anc. **GÒRJA**), f. — Gorge. Dim. *Gourgéte,* f. ; *Gouryasse* ou *Gourjasse,* f., augm.

GOULE, f. — Défilé, passage étroit, ravin, couloir remontant vers la crête des montagnes ; débouché.

> V. *Gòle.*

GOULÉT (anc. GOLÉT) et **ENGOU-LÉT**, m. — Dim. de *Goule*.

> **Gouléts de Cayan**, depuis les crêtes d'Auribarélhes et de la Heugade vers la vallée du Marcadau.

GOURC, m. (vallée d'Aure, Luchon, etc.)

> V. *Gourg*.

GOURG, GOUR, m., **GOURGUE**, f. — Gouffre dans un torrent, dans une rivière ; creux, flaque, trou rempli d'eau ; lac formé par une eau courante ; bassin alimenté par un torrent ; étang naturel. Dim. *Gourguéte*.

> **Gourg de Bouridès**, Gave d'Azun ; **Gourgue** (petit lac) **de Suyen** (Arrens) ; **Gours Blancs**, lacs de la vallée d'Aure ; **La Gourgue**, hameau de Ponson-Debat (Basses-Pyrénées) ; **La Gourgue Sèque**, montagne de la commune de Borce (Basses-Pyr.) ; **Gourgue**, village du canton de Lannemezan ; **Gourguet**, ruisseau de Ledeuix (Basses-Pyr.) ; **Gourgs d'Estallonqué** (Marcadau) ; **Gourgue dera Lit Sarroère**, gouffre dans le gave creusé par cette avalanche ; **Gourgue det Prat**, près du Bain-du-Pré, à Cauterets ; **Gourg de Rabas**. (Haute vallée d'Aure.)

GOURGO, f. — Synonyme de *Gourg* (vallée d'Aure).

GOURGOULH, m. — Tournoiement d'eau, remous, bruit du remous.

GOURGOUS, adj. — Où il y a une mare ; qui est dans une mare.

GOURGUE, f. — C. *Gourgo*.

> V. *Gourg*.

GOURRE, f. — Brebis.

GOURRÎ, GOURRIN, m. — Petit cochon.

> **Gourrî**, quartier au haut du ravin de Catarrabes, sur les flancs de **Las Courbes. Cuyéu** et **Touyèras de Gourrî**.
> V. *Touyèras*.

GOUTAUS, m.

> V. *Gouté*.

GOUTÉ, m., **GOUTÈRE**, f., **GOUTAU**, m., augmentatif. — Canal collecteur, rigole d'écoulement d'une prairie. Dim. *Goutilhou, Goutirou*.

GRABASSA, m. — Étendue de terrain fangeux, bourbeux.

GRABE, f. — Boue, ruisseau bourbeux, marais.

GRABÉ. — Bourbier.

GRAN, GRANE, adj. — Grand.

> **Pic Gran** ou **Mount Nè**. Pic Gran, nom donné autrefois au Pic de Viscos. **Turoun Gran de Néu-Biélhe** ; **Bassia Gran**, etc.

GRANÍU, fém. **GRANIBE**, adj. — Champ, terre fertile en blé.

GRAUARIS, m. — Gravier.

GRAUÈRE, f. — Gravier, pierrailles.

> **Montagne de Grauères**. (Haute vallée d'Aure.)

GRAVARIS, m. — Gravier.

> V. *Grauaris*.

GRÈRA.

> V. *Glèra*.

GRAULHE (**GRAOLHA, GRIAULHE**, anc.), fém. — Grenouille.

GRAULHÈRE, f. — Grenouillère.

GUÈBRE, f. — Genièvre.

> V. *Gimbre, ginèbre*.

GUEBRA, m. — Lieu planté de genièvres.

GUEHUS, m.

> V. *Gahus*.

GULHE, f.

> V. *Agulhe* (identique, sauf aphérèse de l'*a* initial).

REMARQUE GÉNÉRALE. — Nous ne donnons essentiellement à la lettre H que les mots où l'H dérive d'une F (trait caractéristique de la phonétique gasconne). — Toutefois, nous signalons, quand cela peut être nécessaire :

1° Les anciennes orthographes avec F, qui persistaient alors que F était déjà passée à H ;

2° Les anciennes orthographes avec H muette, dérivée de H latine. Dans ce cas, pour éviter la confusion, nous mettons cette H entre crochets. — Remarquer que quelques mots qui contenaient jadis H issue de F l'ont perdue et commencent aujourd'hui par *L* (Ex. : *Lou* « fleur ») ou par *R* ou *AR* (Ex. : *Roumigue, Arroumigue*) ; s'y reporter.

HABA, m., **HABE**, f. — Terrain semé de fèves, de haricots. *Habe, Fabe,* fève et quelquefois haricot. *(Hauá,* Luchon, Bas-Comminges, etc.)

HABOU, m. — Hêtre rabougri. (Dérivé de *Hau*.)

HABOURE, HAPOURE, f. — Hêtre.

    V. *Abore*.

HABOURA, HABOURÉ, HABOURÈT, m. — Forêt, grand taillis de hêtres.

HABOURÉSSE, f. — Jeune hêtre.

HABOUT, m., dim. de *hau*. — Au plur. *Habouts,* forêts de petits hêtres.

HADE, f. et, plus à l'Ouest **HATE**, f. — Fée.

> Cácou deras **Hades**, la grotte, le trou des fées ; La **Hount** deras **Hades**, la fontaine des fées.

HAG (ou FAG), m.

    V. *Hau*.

HAGE (anc. FAGE), f. — Faînée, récolte des fruits du hêtre.

    V. *Haye* [1].

HAGÉT, m.

    V. *Hayét*.

HAGÈTE (anc. FAGÉTE), f. — Faîne, fruit du hêtre.

    V. *Hayéte*.

[1] **HALHADE**, f. — Crevasse, lézarde dans la roche. Pierre qui se détache et roule le long d'une pente.

[2] **HALHADE**.

    V. *Halhe* [2].

HALHA, m. — Feu ou brandon de la St-Jean.

    Bosse du Halha, près de Cicutat.

[1] **HALHE**, f. — Crête, fente, faille, dentelure.

[2] **HALHE**, f. — Torche, brandon, chandelle de résine. *La Halhade,* lieu où l'on fait la *halhe* (feu de la St-Jean).

[1] **HALHÈRE**, f. — Synonyme de *Halhade* [1].

[2] **HALHÈRE**, f. — Grand embrasement.

    V. *Halhade* [2].

HANC, HANG, HANCASSAS, m. — Endroit boueux, bourbier. (Synonyme de *Garlas, Garlé*.)

HANGOUS, adj. — Fangeux, boueux, qui se tient dans la fange.

HANGUE (anc. FANGUE), f. — Fange, boue.

HANGUT, adj.

    V. *Hangous*.

HAPOURE, f.

V. *Haboure.*

HAU (anc. FAU), m. et *Hag, Hay*, m. — Hêtre.

HAUBÉLH, adj. — Fauve.

HAUBI, f., HAUBINE, adj. — Blanchâtre, fauve clair.

V. *Aube.*

HAUDÉYE, f. — Hauteur de montagne.

HAUDRÈC, m. — Rosée.

HAUDRÉY, m. — Terre détrempée, boue.

HAUDRICOUS, adj. — Où il y a de la boue ; sali de boue.

HAUGA, HEUGA (FEUGA), HOUGA (FOUGA), m. — Terrain clos où abonde la fougère.

V. *Héu.*

HAUGADE, HEUGADE (FEUGADE), f. — Coupe de fougères.

Col de la Heugade, entre la vallée du Marcadau et la vallée supérieure du lac d'Ilhéu.

HAUGARA, HEUGARA, HOUGARA, m. — Fougeraie.

Heugara, quartier de la commune de Cauterets.

HAUGARÒLE, HEUGARÒLE, f. — Lieu où abonde la fougère.

Heugaròle, quartier de la commune de St-Savin.

HAUGUÈRE, HEUGUÈRE (FEUGUÈRE), f. — Fougeraie, les fougères.

HAUT (on trouve même FAUT, à l'époque où *f* valait *h*. Voy. la remarque générale en tête de H), NAUT, adj. — Haut.

V. *Aut, Aute.*

Soum Haut, à l'Ouest de Gèdre (Pic de Soum haut) ; Pèyre Haute, pic à l'Est de Cauterets.

HAUTÉSSE (et FAUTÉSSA : V. *Haut)*, f. — Hauteur.

HAUTI, HAUTIN, m. — Vigne haute. Bois de futaie ; lieu élevé dans la campagne.

HAUTOU, HAUDOU (et anc. FAUTOR : V. *Haut)*, f. — Hauteur.

HAY, m.

V. *Hau.*

HAYAU (anc. FAYAU), m. — Comme *Hayét.*

HAYE, f. collectif, comme HAYÉT, HAGÉT (FAGÉT), m. — Forêt de hêtres, taillis, lieu planté de hêtres.

Hayét, canton forestier sur le versant de Pèyre Haute.

HAYÉTE, f. — Faîne, fruit du hêtre.

HAYINE, f. — Fouine. (Luchon, *hagino* et *gino.)*

HAYINÈRE, f. — Endroit où il y a des fouines.

HAYLE, f. — Vent du Sud.

HAYOUS, m. pl. — Noix.

HASA, m. — Lièvre.

HASÈRE, f. — Endroit où gîte le lièvre.

Lac de la Hasère, région lacustre d'Ardiden.

HÉ ou HÉY (anc. FEN, FEE, HEE), m. — Foin.

V. *Hea.*

HEA (anc. FEAA), m.; HEAS pl. (anc. FEAAS) ; et avec *e* passé de bonne heure à un *i*, semi-voyelle, HIAA (anc. FIAA) ; pron. actuelle *Hia, Hias.* — Terre où l'on récolte du foin, région des prairies.

V. *Hé.*

Hameau de Heas.

HÈCH (anc. FOEIXS, FEYS, FEYX, HAYCH, HEIX : *x* valait *ch*), m., HÈCHE, f., HECHÉYA, f. — Faix, fagot, fardeau, charge, paquet ; assemblage de choses longues de même nature liées ensemble.

¹ HÈCHE, f. *(V. Hèch).* — Endroit où l'on confectionne et où l'on charge des fagots de bois, de foin, de paille.

² HÈCHE, f., dans un tout autre sens. — Arêtes vives, brèche dans un endroit difficile, mauvais endroit ; gradin herbeux d'accès pénible, dans une paroi à pic, entouré de rochers. Pente ou petit plateau, pâturage entre deux escarpements. Dim. *Hechéte.*

> La Hèche, nom donné à une partie de la crête Sud du Mont Nè. Hèche de Bounéu, Pourtèt dera Hèche, Pic de la Hèche, La Péne de la Hèche, Hèche Barrade.

HECHÉTE, f.

> V. *Hèche²*.

HECHEYA.

> V. *Hèch.*

[H]ÈDRE, f. — Lierre.

HEMA (anc. FEMAR), v. — Fumer les champs.

HEMADE, f. — Action de fumer les champs ; couche de fumier.

HEMÈ (anc. FEMER), m., HEMÈRE, f. — Fumier.

HÈMS, m. — Fumier, engrais.

HÉNE (FENER), v. — Fendre. *Henude* (p. passé fém.), fente.

HENÈRCLE, f. — (Au pluriel, les fentes.)

HENUDE, f. — Fente.

> V. *Héne.*

HÉU, m.

> V. *Huu* et *Éou.*

¹ HÈR, m. — Fer (métal).

² HÈR (anc. FER). — Sauvage, inculte, farouche, féroce. Ce radical paraît s'être confondu parfois avec le précédent.

HERAM, HEROUM, HERUM, m. — Bête sauvage.

HERAN (anc. FERAN), adj.

> (De *Hèr* ¹ ou *Hèr* ².)
> Mont Heran, Herrat, ou Feran, Ferat, un des sommets du massif du Vignemale ; Mont Feran, à l'Est de la vallée d'Estaubé.

HERANT, adj. — Sauvage.

[H]ERBA, m. — Pâturage. *[H]erbadgè [h]erbatyè*, pasteur, usager des pâturages.

[H]ERBATYÍU, m., [H]ERBADGÍU. — Pacage.

[H]ERBADÍU, adj. — Couvert d'herbes, riche en pâturages.

[H]ÈRBE, YÈRBE, JÈRBE (ou GÈRBE), f. — Herbe.

[H]ERBUT, YERBUT, JERBUT. — Herbeux.

HERÈCHOU (anc. FRÈCHOU), m. — Frêne.

> V. *Hrèxo*, anc. orth.
> Poéy Herèchou, le monticule des frênes, sur le versant O. du Viscos.

HERÉD ou HERÉT, f. HERÉDE, adj. — Froid.

> V. *Hréd.*

[H]ÈRM, [H]ERÉM, m. — Terre inculte, sauvage, lande, « vacants » ou pâturage valléen commun.

> V. *Hèr* ² et *Gèrm, Yer.*
> Herm Aut, canton forestier au-dessus de Soulom.

[H]ÈRME, f. — Parcelle de pâture sur les montagnes. (Féminin du précédent.)

> V. *Gèrm, Yer.*

HEROUDGE, adj.

> V. *Heroutye.*

HEROUTYE (FEROUTYE), et HE-ROUDGE, HERUDGE, adj. — Sauvage, qui s'effarouche ; effrayant ; inculte.

> V. *Hèr²*.

HERRA, HERRAR, v. — Ferrer, garnir de fer.

> V. *Hèr¹*.

HERRAT, adj.-de Fer. **HERROUS, FERROUN, FERROUS.** — Même sens.

> **Mont Herrat (et Ferrat).**
>
> V. toutefois *Hèr²* et *Heran.*
>
> Cf., en Espagne, **Las Ferraturas,** au Nord de Sallent.

HEUGA, HEUGADE, HEUGARA, HEUGARÒLE, HEUGUÈRE.

> V. *Hauga,* etc.
>
> **Col de la Heugade.**

HÉU (FÉU), m. — Fougère. *(Ahéu gersois.)*

HÈYT, m. — Territoire d'un village, d'un hameau.

HIA, HIAS.

> V. *Hea.*

[H]IBÈR, [H]IUÈR. — Hiver (Plus correct *Ibèr, Iuèr*).

[H]IBERNAU, [H]IBERNÍU, m. — Quartiers exposés au soleil où l'on conduit le bétail en hiver. — *[H]ibernau* ou *Ibernau,* cadastre de St-Savin.

> **Pich det [H]ibernau.** (Haute vallée d'Aure.)

HÍTA, f.

> V. *Hite* et *Fitte.*

HITAU, f. — Dim. de *Hite.* La *Hitau,* La *Fitau.*

HÍTE (anc. orth. **FITAA, FIITE, FITE**), f. — Pierre fichée en terre, borne, limite.

> Le mot *Hite (Fite)* paraît du reste avoir deux sens principaux : 1° Il désignerait les « peulvans » ou pierres levées des anciens Celtes. Ex. : lieux où il y a des peulvans : **Pèyrefit[t]e, Pèyrefiche, Pierrefiche,** dans l'Aude, l'Aveyron, la Lozère, la Corrèze, le Cantal, etc. ; 2° Accolé à *Pèyre* il désignerait parfois les bornes des circonscriptions politiques ou ecclésiastiques du Sud-Ouest.
>
> V. *Pèyre-Fi[t]te, La Hi[t]te, Cohi[t]te, Pehi[t]te ; La Fitau, La Hitau ; La Fitole, La Hitole,* etc.

HITÈRE, f. — Endroit où il y a des bornes, des limites.

HITÒLE, f. — Dér. de *Hite (La Fitole, La Hitole).*

HÍU.

> V. *Híu* et *Eu.*

¹ **[H]ÓM**, m. — Orme. Orth. fautive pour *om,* auj. *oum,* même sens.

² **[H]ÒM, [H]ÒME, [H]ÒMI, [H]OÚMI,** m. — Homme.

> **Còt d'[H]òm,** le col ou passage de l'homme, nom de deux sommets, au Sud-Est du Cabaliros et à l'Ouest du lac de Gaube. Des quartiers de montagnes portent ce nom. — L'*h* est muette dans ce mot ; l'orthographe félibréenne la supprime.

HONT (FONT), f.

> V. *Hount.*

HORAT, ancien.

> V. *Hourat.*

HORCXS, ancien.

> V. *Hourc.*

[H]ÒRE, f. — Heure (*h* muette). [On dit [h]ouro dans la vallée d'Aure, etc.]

> **Pic de Males [H]òres, Pic de Ounze [H]òres, Pic de Üe [H]òre.**
> V. *Mieidio.*

HÒRGUE (FORGA), f. — Forge.

¹ HÒRT (FORT), f. HÒRTE (FORTE), adj. — Fort.

² [H]ÒRT, ÒRT, m. — Jardin, terrain clos, cultivé.

HÒSSE (fòsse), f. — Fosse, fossé, dépression de terrain.

HOUSSAT (anc. FOSSAT, HOSSAT), m. — Comme *Hosse*. Dim. *Houssadét.*

Le Fossat, Ariège.

HOUSSÉN, m. — Terrain à dépressions.

HOUGARA[A], HOUGUÉRO, etc.

V. *Heugara[a]* et *Haugara*, etc.

HOULE, f. — Vent.

Col dera Houle, à l'E. du Mallerougo.

HOULÉT, m. — Petit vent, zéphir.

HOUNADE, f. — Partie inférieure d'un champ où s'accumule la terre.

HOUNDS et HOUNS (anc. HOUNDZ, HONDZ, FONTZ), m. — Fond.

HOUNHADE, f. — Action de pousser, de presser, pour tasser, enfoncer (de *Hounha :* pousser pour tasser).

HOUNIMÉNT, m. — Gouffre.

HOUNS, m.

V. *Hounds*.

HOUNSÉT, m. — Dim. de *Houns*. Lieu enfoncé.

HOUNT, HOÚN ou HÒNT (anc. HONT, FONT), f. — Source, fontaine.

Hount Réde, source au S.-E. du lac d'Estom ; **Hount Arrouye** (fontaine rouge), commune de St-Savin ; **Hount det Cuyéu Coup.**

HOUNTA (anc. FOUNTA, HOUNTAA), m. — Quartier où il y a des sources.

HOUNTAS, HOUNDAS, m. — Quartier des fontaines.

HOUNTAU, m. — Endroit humide où il y a des sources.

HOUR, anc. HÒRN, m. — (Litt. Four.) — Fond de vallée ayant la forme d'un cirque.

HOURA (anc. FORAR, HORAR), v. — Il y a deux verbes *houra*. 1. L'un signifie percer, forer. 2. L'autre signifie fouler, marcher sur. D'où *forade* (chemin) foulé.

HOURADAT, f., HOURADADE, part. passé de *hourada*, v. — Troué, perforé, percé, raviné.

> **Bat Houradade**, partie du versant Est du gavo de Lutour. **Ròque Houradade.**

HOURADADE ou HOURATADE, f. — Trouée (substantif).

HOURADE (FORADE), f. — V. *houra*, au deuxième sens.

HOURAT (anc. FORAT, HORAT), m. — Trou, excavation. Au pluriel : *hourats* (écrit aussi *houratz*).

> **Lac Hourat**, région lacustre de l'Ardiden. **Hourat**, profonde tranchée du gave d'Ossau (Eaux-Chaudes). **Mau Hourat, Ets Hourats**, montagne à l'O. du lac d'Ilhéu. **Hourats Gatès.**

HOURATÈRE, f. — Suite, grand nombre de trous.

HOURC, m. — Bois, petit bois.

V. *Fourcade*.

> **Hourcs**, quartier de montagno au Plâ de la Gòlo ; canton forestier au confluent des gaves de Gerrét et de Lutour ; quartier au S.-O. de Soulom.

HOURC, m. (anc. FORC, FOURC), HOURQUE, f. (anc. FORQUE, FOURQUE). — Fourche, embranchement, bifurcation, col, brèche, passage dans une crête, confluent de deux ruisseaux, et aussi : gibet, fourches patibulaires.

HOURQUÉT, m., HOURQUÉTE f. — Col, défilé, passage. Dim. de *Hourc* ou *Hourque*.

> Hourquéte d'Ossoue, col du Vignemale ; Hourquéte d'Aralhè ; d'Arreau ; de Badét ; de Baran ; de Bugarrét ; d'Ouscoau ; d'Aure ; de Héas ; de Bassias ; de Nèubiélhe. Hourquét, quartier cadastral de St-Savin, etc.

HOURQUÍE (FORQUIE), f. — Place du marché au bétail anciennement plantée de grands arbres.

HOURUC, HURUC, m. — Trou.

[H]OUSTAU, [H]OSTAU, m. — Maison. — Dim. [*H*]*oustalét,* [*h*]*oustalòt.* — Auberge, maisonnette.

HOUTYA (et HOUDJA), v. — Bêcher, piocher. *Houtyadé,* terre qui doit être bêchée.

HOURTÉT, HURTÉT, m. — Petit plateau herbeux, terrasses gazonnées sur les hauteurs. Ces terrains sont parfois inaccessibles aux bestiaux.

> V. [*H*]*ort* et *Ort.*

HRÉD, f. HRÉDE (anc. ou ailleurs FRÉD, FRÉDE, RÉD, RÉDE, HERÉT, HERÉDE), adj. — Froid.

> V. *Réde.*

> Hount Heréde, source au S.-E. du lac d'Estom (Lutour). Hount Heréde, canton forestier. Pic Hount Heréde (même région). Hontaréde, Honréde, Hounréde.
> V. *Hount.*

HRÈXO, FRÈXO, RÈXO, RÈXOU, RÈCHOU (ancien ou béarnais). — Frêne.

> V. *Herèchou. Poéy Herèchou.*

HÚU (à côté de HÉU et de HÍU), m. — Lac alimenté par des sources intérieures. Voie d'eau qui sourd dans un bas-fond.

> V. *Eou.*

HUCHE, FUCHE, UCHE, f. — Huche, coffre.

HUCHOU, ESCHOU (anc. EXOO), m. — Ravin dénudé, lieu raviné par un éboulement ; éboulement, fente, crevasse.

HUCHÒLE (anc. ESCHÒLE et EXÒLE), f. — Herminette, outil de sabotier, de charpentier. Outil des bergers pour fabriquer des sabots, des ustensiles en bois.

> V. *Huchou.*

> Pic dera Huchòle, à l'Est de la vallée du Marcadau. Canton de Lachechotte (cadastro de Cauterets, section F), défiguration de la Huchotte.

HURTÉT, m.

> V. *Hourtet.*

HURUC, m.

> V. *Houruc.*

[H]US, m. — Synonyme de *Jus.* Passage, entrée, la porte, le port.

HUST, m., HUSTE, f. (anc. FUST, FUSTE). — Bois ; pièce, morceau de bois.

HUSTADGE ou HUSTATYE, m. — Tas de bois, pièces de bois.

IBERNAU, m.
> V. *Hibernau.*
> **Quartier de l'Ibernau, au S. de Soulom.**

IÈRLE, f. — Ilot.
> V. *Irle.*

IHÈR (anc. INFÈRN), IHÈRN, m. — Enfer.
> **Canau d'Ihèr.**

ILHÈTE, f. — Centaurée à fleur bleue, qui croît dans les blés, bluet.

INCULT, adj. ancien. — Inculte.
> V. *Couts.*

IRAGUE, f. — Ivraie annuelle. (Luch. *auirago.* f.)

IRLE, f., ailleurs IÈRLE, JÈRLE (ou GÈRLE). — Ilot d'un ruisseau ou d'une rivière.

ISARD, m.
> V. *Sàrri.*

ISARDÈ, ISARDÈRE, adj., litt. «isardier». — Où il y a des isards.
> V. *Sarriè.*
> **Pic Isardè** (ou Mont Ségalas), à l'Ouest du lac d'Ilhéu. **Pic Isardier** (le même).

ISARDÈRES, f. pl. — Parties de vallées bien isolées où les femelles des isards vont mettre bas.
> **Las Isardères de Poéy Trenous, de Lutour, etc.**

J

J. — Dans les régions de Cauterets, Luz, etc., comme dans presque toutes les Hautes-Pyrénées et dans la plaine du Béarn, on trouve régulièrement l'initiale *y* au lieu de *j.* Emploient le *j* les régions situées *à l'Est* d'une ligne passant en gros entre la vallée de Louron et celles de Larboust et d'Oueil ; la vallée de la Neste et la Barousse ; Anéres et Aventignan ; Pouyastruc et Galan ; comme d'ailleurs presque tout le reste de la Gascogne (Gers, Landes, etc.). On le trouve même dans les trois vallées d'Ossau, d'Aspe et de Baretous. Les transcriptions françaises préfèrent *j* à *y*. Mais *y* est plus général dans les Hautes-Pyrénées. Chercher donc ici à *y* ce qui ne se trouverait point à *j*. Voy. *G.*

JARDII, m., ancien. — Jardin. (C'est le mot français, passé même en espagnol.)

JAS, m., JASSE, f.
> V. *Yas.*

JASSÉTE, f. — Dim. de *Jas.*
> V. *Yasséte.*

JÈGUE, JÈGOE, f. — Jument.
> V. *Yéga* et *Ègoa.*

JUNC ou JOUNC, m. — Jonc.
> V. *Yunc, younc.*

JUNCA[A], JUNQUÈ, JUNQUÈRE, f. JUNCASSAS, m. — Lieu où croît en abondance le jonc.
> **Lou Junqué, la Junquère, Juncalas** (village).
> V. *Yuncaa, Yunquère,* etc.

JUS, anc. JUUS, adv. — Sous.

JUSAA (anc.), JUSA, adj., par opposition à SOBIRAA (anc.), SOUBIRA, et JUSOU (anc. JUSOO), adj. m. — Inférieur, au-dessous ; au Nord, par opposition à *susou* (anc. *susoo*), qui signifie : supérieur, au-dessus, au Sud (vers les montagnes).
> **Ponson-Jusoo** ou **Ponson-Debat, Ponson-Dessous** est au Nord de **Ponson-Susoo** ou **Ponson-Dessus. Louvie-Juson.**

JUSSA, m. — Partie inférieure d'une montagne.

LA, article féminin.

V. *Lou.*

LABARDAU, m. — Ruisseau torrentiel.

LABARTATS, m. pl. — Hallier, bocage.

V. *Barta.*

LABAS, m. — Comme *Labasse.*

Labas (Ardiden).

LABASSA (LABASSAR), v. — Paver avec des dalles.

LABASSE, f. — Schiste, pierre schisteuse ; cadette ou dalle carrée de pierre ; paroi pavée de rochers ; versant de rochers.

Labasse, ensemble de la montagne de **la Badète de Labasse** ; **Pic de Labasse**, pic à l'Est du pont d'Espagne et dont la paroi rocheuse ferme la vallée ; autre **Pic de Labasse**, au Sud-Ouest du lac d'Estom : **Còt de Labasse**, sur le Cabaliros, etc.

V. *Lòse* ou *Loze.*

LABASSÈRE, f. — Débris de roches schisteuses ; ardoisière.

V. *Louzère.*

LABOU, LABOUR (anc. LABÒR), m. — Labourage ; terrain cultivé, culture, labour.

LABOURADGE (LABORADGE), m., **LABOURATYE**. — Labourage.

LABOURADIS (LABORADIS), adj. — Labourable.

LABRANE, f. — Pour *la brane.*

V. *Brane, bruyère, brande.*

Passe de La Brane, à l'Ouest du Pic de Bat-Laytouse.

LAC, m. — Lac. Dim. *laquét.*

LACO, LÀCA, f. — Lagune (vallée d'Aure).

LACARRA (anc. LACARRAA), m. — Étendue de roches lisses. (Collectif de *Lacarre.*)

LACARRE, f. — Pierre plate ; bloc poli par les eaux ; croupe de rochers nus.

LACOÉTE, LACUÉTE, f. — Réservoir creusé par les bergers sur la montagne pour l'abreuvage des troupeaux.

LAD.

V. *Lat.*

LAGÒT, LAGÚE, f., **LAQUÉT**, m. — Flaque d'eau, petit lac.

Laquét, petit étang. Vallée de Bernazau, à l'O. du Soum de Nau-Costes. **Las Laquétes**, quartier de montagne au-dessus de la fontaine de Troumaguère (vallée d'Aspe).

LAMBRE, m., dim. LAMBRÉT, LAMPRÉT. — Éclair.

V. *Eslumbrèc.*

Lampre paraît toutefois désigner aussi la glace : *lis coumo 't lambre*, en luchonnais.

V. *Lampur.*

LAMBRES, f. pl. — Raillères, rochers qui s'effritent, débris.

LAMÉSQUE, f. — Glaise, limon.

LAMPUR, m. — Bouc qui vient du dégel, de la fonte de la neige. (*Lampat*, en luchonnais, adj. « gelé, couvert de verglas ».)

LAN, adj. — Ouvert. (On dit aussi *alandat.*)

LAUAS, m. (autre forme de *Labas,* Aure et Bagnères-de-Bigorre), pierre plate, calcaire ou schiste, équivalent de dalle.

V. *Labas* et *Labasse*

LANCE, f. — Lance.

> Pèyre Lance, pic situé à l'Est du Pont d'Espagne, dans la vallée de Cauterets et qui se termine par un immense rocher pointu. Agulhe de Pèyre Lance, dans la vallée de Gerret, et d'autres dans les Pyrénées.

LANDAU, m. — Étendue de landes.

LANE, f. — Lande, terrain plat, uni, dans les vallées ; plaine. (Le sens péjoratif du fr. *lande* manque ; *lane* désigne même les parties les plus fertiles des territoires communaux.)

LANÍU, f. LANIBE, adj. — Léger : se dit d'un terrain sans consistance.

> *Tèrres lanibes,* terres légères.

LAQUE, f. — Flaque d'eau.

LAQUÉTE, f. — Petite mare.

> Eres Laquétes. (Haute vallée d'Aure.)

LÁSTOU, m. — Fétuque, graminée. Herbe plate et longue qui pend par touffes dans les ravins, aux parois des gouffres et sur les cimes escarpées.

LAT ou LAD, f. LADE, adj. — Étendu, large, aplati. Pris substantivement, plateau dans les montagnes ; flanc de montagne.

> Som de Lit Lade, entre la Péne Blanque du Lisey et le col d'Arriu. Lac de Pèyre Lade ou Lac Vert, sur les contreforts du Pic du Midi de Bigorre. Arríu Lat, ruisseau de la vallée de Lutour, etc. Soum de Lats.

LAU, m. — Terre vague, lande.

> Lau est un village du canton d'Argelès.
> *Un lau,* m., à Luchon est un lit de torrent, intermittent, où il y a en tout cas beaucoup plus de cailloutis que d'eau.

LAUDÉTE, LAUSÉTE, f. — Alouette.

LAUNE, f. — Région dénudée, ravinée par les avalanches, par les éboulements ; couloirs par où passent les avalanches.

V. *Lau.*

> Laune de Peguère, sur le versant Ouest de cette montagne. Launes dét Piquét, couloirs qui descendent du Viscos. Laune de Lapèyre, ravin d'éboulements qui descend du Còt d'Hòmi. (Cabaliros.)

LAURAT, participe. — Labouré, du verbe *laura.*

LAURADE, f. — Labour, labourage.

LAURADÉ, adj. — Champ qu'on laboure, à labourer.

LAUS, adj., f. LAUSSE. — Abandonné, vacant ; se dit des maisons et des terres.

LAUSSETAT, f. — Maison abandonnée, domaine abandonné.

V. *Laus.*

LAYRIS, m., LAYRISSE, f. — Terrain inculte, servant de pâturage commun.

> Layrisse, vallée au Nord de la vallée de Luchon.

LAYT, f. — Lait (Arrens).

V. *Lèyt.*

LAYTOUS, m., LAYTOUSE, f., adj.

V. *Leytouse.*

> Pic dera Bat Laytouse.

LÈBE, f., dim. LEBÉT, LEBRAUT. — Lièvre.

LECASSINE, f. — Mérule chanterelle (Espèce de champignon.)

L'EMBÈS. — L'envers.

V. *Embès.*

LÉNGUE, LÈNQUE, LOÉNGUE. — Langue. — *Léngue-de-Baque*, f. (litt. langue de vache), Scolopendre (plante). On appelle encore ainsi la scabieuse des champs, et la grande consoude.

LENHÈRE, f. — Bûcher, lieu où l'on serre le bois à brûler.

LENHOUS, adj. — Boisé ; où il y a du bois dont on fait des bûches *(lénhes)*.

LÈP, m. — Lièvre mâle.

V. *Hasa*.

LIÈRE, f. — Chemin étroit.

LÈYT, f. — Lait.

V. *Layt*.

LEYTOUS, LEYTOUSE, fém. — Laiteux. On donne aussi ce nom aux gras pâturages de belle qualité.

V. *Laytouse*.

LEYTUGUE, f. — Laitue.

LEYTUGUÉTE, f., collectif. — Fleurs du tilleul. (Ainsi nommées pittoresquement sans doute à cause de leurs bractées.)

LHÉU.

V. *Eou*.

Lac Lhéu.

LHEYTÈRE, f. — Litière, fourrage, paille où couchent les animaux.

LIAN, adj. — Ouvert, libre ; où il n'y a point d'obstacle.

V. *Lan*.

LIARD, adj. — Gris pommelé, grison, liard (ancien-français). Robe de cheval de poil mêlé.

Le **Soum de Liar**, à l'Est de Cauterets, est de couleur grisâtre.

LICHÈRNE, f. — Renouée, plante couchée le long des chemins où les pourceaux la recherchent.

LIGOUSTRÈS, m. pl. — Endroits où il y a des troènes.

LII, LIN (anc.), LI, m. — Lin.

LILÒYE, f. — Pâquerette, marguerite.

LIM, m. — Limon, vase.

LIMACOUS, adj. — Où il y a des limaces, des traces de limaces (de *limac*, m., limace).

LIMAQUÈRE, f., collectif. — Grande quantité de limaces ; lieu où sont les limaces en grand nombre.

LIMOURRE, f. — Terrain fangeux. Bave de limace.

V. *Lim* et *limacous*.

LIMPÈRRE, f. — Lisière, lopin de terre en long.

LIS (LYS), adj., f. LISE. — Lisse, uni ; étendue de terrain uni, un versant peu accidenté. Dim. *Lisét, Lisey*.

Lis, région de beaux pâturages au Sud-Ouest de la vallée du Camp Basque. **Crête de Lis.** Lisey, riant plateau et cirque de pâturages à l'Est de Cauterets.

LISCARRE, f. — Bande de roche en pente.

LISCÒT. — Comme *Liscarre*.

LISTE, LISTRE, f. — Parcelle de terre étroite et longue, langue de terre ; bande, lisière.

LIT, LITS, LID. — Avalanche. Les avalanches poudreuses ou volantes, « volages », se produisent en hiver et se précipitent en coulées torrentueuses enveloppées d'un nuage compact de poussière neigeuse. C'est la *lit boulatye*, accompagnée de rafale.

La *lit terrère*, avalanche « terrière », se produit au printemps et descend le long des couloirs habituels, ou combes.

V. *Eslita, eslenca, eslur*.

LITS, LIDS, LIDZ, signifient aussi les couloirs suivis par les avalanches. Un grand nombre de *lit*, de divers noms se rencontrent dans nos montagnes. (Pl. : *Litses,* vallée d'Aure ; *Lits* et anc. s. d. *Lis,* vallée de Luchon.)

LITA, f. — Couloir, chemin par où coulent les avalanches ; versant de montagnes exposé aux avalanches.

V. *Eslita.*

LITARA, m., LITARÉT, m., LITARRE, f. — Couloir d'avalanche, petit couloir. Versant coupé par des ravins d'avalanches. Dim. *Litayroles* (?) et *literòles.*

LITOUÈSE ou LITOUÈZE, adj. f.

V. *Litouse.*

LITOUSE, adj. f. — Région d'avalanches.

Un pic, un lac, un ruisseau portent le nom de **Litouse,** à l'Est du *Pic de Chanchou.*

LÒC (LÒG), m. — Lieu ; localité ; village ; domaine ; demeure ; maison ; place.

LOUNCAU, m., LOUNGUÈRE, f. — Champ, pré d'une grande étendue.

LÒSE, ou ALÒSE, et LÒZE, f. — Ardoise.

V. *Lousère.*

LOU, L', m., LA, L', f., pl. LOUS, LAS, article (plutôt de la plaine, mais usité aussi à Cauterets, à cause, sans doute, d'une importante colonie béar-naise). — Quelquefois incorporé à tort aux mots, notamment après des prépositions, et sous les formes féminines et élidées. (V. par exemple *Labrane.*)

V. *El, Era.*

LOUBÈRE, f. — Les environs, les lieux circonvoisins dans une certaine étendue. — Également repaire de loups.

V. *Loupère.*

LOÈYRE et LOUYRE (anc. LOYRE), f. — Loutre.

LOUNG (anc. LONG, LONC), f., LOUNGUE, adj. — Long.

LOUP (anc. LOP), m. — Loup.

V. *Boup.*

LOUPÈRE, f. — Repaire de loups ; quartier fréquenté par les loups.

V. *Loubère.*

LOUPÍU, f., LOUPIBE, adj. — Endroit où il y a des loups.

LOUSÈRE ou LOUZÈRE, f. — Ardoisière, carrière d'ardoises.

V. *Lòse* ou *Lòze.*

LUC, m. — Bois, bocage, clairière.

LUDE, f. — Abri sous roche.

V. *Tute.*

LUGUE, f. — Comme *Luc.*

LUQUÉT, m. — Dim. de *Luc.*

LUR, m. — Avalanche ; éboulement.

V. *Eslur, eslurres.*

MAGRE, adj. — Maigre, stérile.

Prat **Magre**.

MAL, f. *Male*, adj.

V. *Mau*.

Pic de **Male**s(h)òres, Soum de **Male**, Tusque de **Male**, etc.

MALÉDA, f. — Endroit scabreux, grand rocher.

MALH, m. — Rocher saillant, montagne rocheuse, flanc rocheux de montagne ; rocher d'une certaine hauteur et dégagé de plusieurs côtés, ce qu'en alpinisme on appelle « gendarme » ; grosse pierre. En béarnais, *malh* indique la région lombaire. On dit en ce sens, en français, la *croupe* d'une montagne.

Malh Ardoun (rocher rond), dans la vallée d'Estain ; **Malh Arrouy**, dans la vallée de Lutour ; **Soum det Malh** ; **Pè det Malh**, etc.

MALHADE, f. — Collectif ou augmentatif de *Malh*. Massif de montagnes rocheuses ou série de sommets.

Malhade dets Sarradéts, à l'Ouest du Cirque de Gavarnie.

MALHE, f. — Maille, anneau.

MALHÉT, m. — Dim. de *Malh*.

MAR et **MÁRROU**, **MÁRRI**, **MARÒT**, m. — Bélier, mâle de la brebis ; bouquetin ou bouc sauvage dont le vieux nom gascon est *Érc* (de *Hircum*).

MARBE, **MARBRE** ou **MARME**, m. — Marbre.

V. *Marbor*.

MARBÉDE, **MARMÉDE**, f. — Roche marmoréenne.

V. *Marbor*.

MARBISSA, m.

V. *Marbéde*.

MARBOR, **MARMOR**, **MARMUR**, m. — Mots anciens, peu usités. Marbre. pierre marmoréenne. D'où sans doute :

Pic du **Marborè**, près Gavarnie ; **Marmurè**, vallée d'Azun, véritable nom du sommet appelé aujourd'hui **Bat Laytouse**.

V. *Marbe*, *Marme*.

MARCADAU (anc. **MARCADAL**), augmentatif, et **MARCADÍU** ou **MERCADÍU**, dérivé du simple **MARCAT** ou **MERCAT**, m. — Marché, champ de foire, lieu où s'opéraient autrefois les transactions des troupeaux transhumants sur les montagnes. — Dim. *Marcadét*.

Port du **Marcadau**, vallée de Cauterets ; Place du **Marcadieu**, à Tarbes ; Place du **Marcadal**, à Lourdes, etc.

MARDA, m. — Bélier.

V. *Mar*, etc.

Plan **Mardan**, vallée d'Oueil.

MARLAT, adj. — Marneux.

MARLE, f. — Marne.

MARLÈRE, f. — Endroit marneux.

MARME, m.

V. *Marbe*, *Marbor*.

MARÒT, m.

V. *Mar*.

MARQUE, f. — Quartier de commune éloigné ; hameau.

MARRALHÈRE, f. — Penchant de montagne couvert de pierres, de débris de rochers.

MARRÈT, m. — Lacets de chemin ou de sentier. Plur. *marrèts*.

MÁRRI, MÁRROU.
V. *Mar.*

MASÈRES, f. pl. — Ruines, décombres, restes d'une démolition.

MATAS, m. — Épais buisson, hallier.

MATE, f. — Buisson ; touffe de plusieurs tiges sortant d'une même souche ; forte souche avec grande cépée.

MATE-SEUBE, f. — Liane, plante sarmanteuse et grimpante ; chèvrefeuille sauvage. (Cf. béarn. *sembemay*. V. le dict. de *Lespy*, esp. *madreselva*.)

MATI (MATII), m. — Matin.
V. *Matiade.*

MATIADE, f., MATIAU, m., comme MATII. — Matinée, matin.

MATIAU, m. (adj. prés. subs.) — Quartier de la commune d'Arrens, ainsi nommé à cause de son orientation.
V. *Matiade.*

MAU (subst.), m. — Mal.

MAU (anc. MAL), f. MALE, adj. — Mauvais, méchant.

> Arríu Mau, ruisseau près de Saint-Sauveur, qui dégrade le chemin ; Mau Hourat, cascade qui se précipite dans un gouffre, au sud de Cauterets ; Mount Mau, dans la haute vallée d'Arrens ; Coume Male, mauvais couloir d'avalanches, en face la Raillère ; Tuque Male, dans la vallée de Cestrède ; Vignemale, au sud du lac de Gaube ; Males(h)òres, Pic au Sud du lac d'Ilhéu, etc.

MAURE, adj. et ses dérivés MAURIN, etc.
V. *Mourou.*

MAUROULH, m. — Endroit pierreux.

MAYE (ou MAJE, MAGE), *de májor ;* MAYOU (anc. MAIOR, MAYOR, MAJOR et MAYOO) ou MAJOU, *de majórem,* adj. — Plus grand.

> Mount Majou, commune du canton de Luchon. Riu Mayou, Pont Mayou, à Bayonne, etc.

MAYNE, m. — Demeure, ferme, domaine.

MAYOURÉT, m. — Plus grand.
V. *Maye.*

> Pic Mayourét, Estibéta det Mayouret, Canalòt det Mayourét : pic, pâturages, ravin sur la vallée de Lutour ; Calhau det Mayourét (Lutour).

MAYOR, adj. ancien.
V. *Mayou,* forme actuelle.

MAYOU, adj. — Principal, majeur.
V. *Maye.*

MAYTI, m., et ses dérivés.
V. *Mati.*

MECHANT, MICHANT, adj. — Méchant, mauvais.

> Pic Méchant (H.-P.), près du Camp Biélh.

MÉDE, MÉTE, f. — Tas, petite meule de foin. Dim. *medéte.*

MENDRAS, m. — Menthe sauvage.

MENOU (anc. MENOR). — Moindre. *Castèt-Menou,* le château le plus petit.

MENUDÉT, m. — Plantain des Alpes, très commun dans certaines de nos vallées.

MENUT, f. MENUDE, adj. Petit.

MERCADÍU, MERCAT, etc.
V. *Marcadiu. Marcat.*

MERLÈ, m. — Terre glaise, sol marneux.
V. *Marlat, Marle,* etc.

MESTAYRÍE (et aussi, moins correct, METAYRÍE, METERÍE), f. — Métairie.

MÉY, f. MÉYA ou MÉYE, adj. — Qui est au milieu.

> V. *Mieyá, Miéy* et *Mey-die.*
> Pont de Méya-Bat, pont situé au milieu de la vallée, entre Pierrefitte et Cauterets. Turon de Méy Mount, quartier de la Grange de la Reine Hortense.

MEYA, adj. m. — Qui est au milieu.

Pic Meya, sommet situé au milieu de la chaîne qui sépare les vallées de Gaube et de Lutour.

MEY-DÍE.

V. *Miey-die.*

MÍDA. — Milieu. Meule, borne conique.

V. *Méde, Miéy.*
Poéy mída. — Hoúrca mída.

MIDI (fr.), dans *Pic du Midi.*

V. *Miéy-die.*

MIÉY-DÍE. — Midi, milieu du jour.

Pic de **Miéy-Die**, pic de Midi (plutôt que du Midi), qui marque le milieu du jour, parce que le soleil est juste au-dessus de ce point, à cette heure-là. Les *pics de* ou *du midi* sont nombreux dans les montagnes et notamment dans les Pyrénées. Ce sont ceux que l'on voit, *à midi,* dans la direction du soleil ou qui sont bien en vue au Midi, par rapport à une vallée ou à une ville. Beaucoup de montagnes servent aux montagnards de « cadran solaire ». Ainsi l'on a lés Pics de *Une heure.* de *Trois,* de *Dix,* de *Onze heures,* etc. Ces mêmes montagnes changent de nom suivant la vallée ou la région d'où on les voit.

MIEYA, m. — Séparation, ce qui sépare par le milieu.

MIEYÈRE, f. — Ligne de division entre deux soles d'un champ.

MIÉY (et **MÉY, MIÉG**), f. **MIÉYE** (et **MÉYE, MIÉGE**), adj. — Qui est au milieu.

Pont de **Méya Bat.**

MIEYTAT, MEYTAT, MITAT, f. — Moitié.

MILH et **AMILH**, m. — Mil, millet.

MILHASA, MILHASOU, m. — Champ de millet.

MILHASÈRE, f. — Terre où il y a du millet.

MILHÒC, m. — Maïs.

MILHOUQUÈRE, f. — Terre où il y a du maïs.

MIÚRE, f. — Granit.

MÒLE, f. — Moulin, meule.

MONYÒYA, MONYÒYE, etc.

V. *Mounjoye.*

MOUDACOUS, adj., m. — Boueux, humide.

MOUDÈRE, f. — Humidité.

MOULHEDÉ, m. — Place où l'on trait le lait.

MOULI, m. — Moulin.

V. *Mòle.*

MOUNJÒYE ou **MOUNYÒYE** (anc. **MONYÒYA, MONYÒYE**), f. — « Montjoie » ; tas de pierres, borne des chemins et aussi édicule, chapelle rudimentaire, avec une statuette. Quartier qui tire son nom de la présence d'une « Mont-joie » qui, au moyen âge, marquait le passage de pèlerins.

MOUNT (anc. **MONT**), m. — Montagne, mont.

Mount Ferrat, Mount Arrouy, Mount Agut, Mount Nè, Mount-Mau, etc.

MOUNDÉLH, m. — Monticule, petite hauteur.

Le Moundélh, vallée d'Ossau.

MOUNDULH, m. — Monticule.

MOUNTANHE, f. — Montagne, c'est-à-dire pâturage montagnard. Ce mot veut dire aussi : l'ensemble des pâturages d'une région (d'un vallon, d'une commune, d'un syndicat pastoral ou d'une « vallée »).

MOUNTANHÉTE, f. — Petite montagne.

La **Mountanhéte**, au S. de la vallée de Sausse-Dessus.

MOUNTANHOUS, m. — Montagneux.

MOUNYE ou **MOUNGE, m., MOUNYA** ou **MOUNYE, MOUNJO, f.** — « Moine, nonne ».

Tuc dets **Mounges**, au Sud-Ouest du lac d'Estom ; Còt dets **Mounges** ou des **Moines** ; Estibéte dets **Mounges**.

V. *Monyòye*.

MOUNYES, f. pl. — Asphodèle aux blanches fleurs disposées par étages qui ressemblent à une procession de moines.

MOUNYÉTE, MOUNJÉTE, f. — Haricot.

V. *Mounyou*.

MOUNYOU, MOUNJOU, m. — Petit haricot.

V. *Mounyéte*.

MOURAU, m.

V. *Mourou*.

MOURÈ ou **AMOURÈ, m.** — Mûrier, arbre.

MOURÈ, MOURÈU, m. — Mùrier (oiseau).

MOURE, f. — Mûre (fruit de la ronce, plus connu que celui du mûrier).

MOURÈNE, adj. f. — Brun, de couleur foncée, tirant sur le noir.

Sèrre **Mourène**, dans la vallée de Héas.

MOURÈNO, f. — Du français moraine, même sens. Débris de rochers qui s'amassent sur les côtés d'un glacier et qui sont formés par le gel ou par l'action érosive du glacier. (Néologisme.)

MOURÉT, MOURÉTE, adj. — Brun, brune, couleur tirant sur le noir.

V. *Mourou*.

MOUROU, MOROU. — Maure. De là le sens de noir, foncé. Mulâtre. Cependant aussi qui a rapport aux Maures.

Poéy **Mourou** ; Sèrre **Mourine** (Luz) ; **Mourou** (Sazos) ; **Mourou** (Viscos) ; Hourat de la **Mauro** (Lourdes) ; **Mouras** (Ayzac-Ost) ; **Mouraus** (Argelès) ; Lane **Maurine**, près d'Ossun.

MOURRAC, m. — Herbe qui a poussé près du *cledat* (parc de brebis) ; elle est plus drue qu'ailleurs.

MOURTÁRA, f. — L'une des herbes dont le bétail est le plus friand.

V. *Banét, Cèstre*.

MOUSCA, m. — Lieu où abondent les mouches.

Pic de **Mousqua** (lisez **Mousca**), pic des mouches ou plein do mouchos, vallée de Gèdre.

MOUSCARÒLE, fém., MOUSCOUDANHÉT, m.

V. *Mousquère*.

MOUSQUE (anc. **MOSCA, MOSQUE**), f. — Mouche.

MOUSQUÈRE, f., MOUSQUERÈ, m. — Lieu ombragé où le bétail se met à l'abri des mouches, pendant les fortes chaleurs sur les montagnes. *Mousquère* signifie aussi : lieu où abondent les mouches.

Val de **Mousquère** (vallée d'Aure) ; Pont de **Mousquères** (près de Bagnères-de-Luchon), etc.

MOUSTRE, m. — Monstre.

MOUSTROUS, adj. — Monstrueux.

MOUT, adj., m. — Mou, boueux, humide.

MUGA, m. — Tas de terre, rebord de fossé, de canal.

MUGUE, f. — Tas de terre séparant des champs, rebord de fossé couvert d'arbustes, d'arbres. (Cf. l'espagnol *muga*, borne, limite.)

Punta de la Muga, (à l'Est du Col du Marcadau sur la frontière.)

MULE, f. — Mule.

MULÉT, m. — Mulet.

Pòrt des Muléts.

N

NÁU, f. NABE, adj. — Neuf, neuve. *Et pount nau. Cami nau. Bòrde nabe. Case nabe.*

NEBA, v. — Neiger.

NEBADE, f. — Couche de neige.

NEBÈRE, f. — Névé, neige durcie. Petit glacier.

V. *Neuère* et *Nèu.*

NÈGRE, NÈ, anc. NER, f. NÈGRE ou NÈRE, adj. — Noir.

Pèyre Nègre ; Pèyre Nère ; Péne Nègre ; Péne Nère ; Arríu-Nè ; Mount Nè ; Malh Nè.

NEGRILHOUS, NERILHOUS, adj. — Qui devient ou paraît noir.

NEGROU, NEROU, f. — Noirceur, ténèbres.

NEGROUS, NEROUS, adj. — Noirâtre.

NER ou NÈ, f., NÈRE, adj.

V. *Nègre.*

NÈST, m., et NÈSTE ou NÉSTE, f. — Rivière, torrent.

Nom donné aux cours d'eau, à l'Est de la vallée de l'Adour jusqu'à l'Ouest de Bagnères-de-Luchon (donc, y compris les vallées de Larboust et d'Oueil qui font partie du canton de Luchon). Origine inconnue ; sans doute reste d'un vocabulaire primitif. Cf. **Nes-**tos, fleuve de la mer Eggée ; **Nestus**, fleuve d'Illyrie, et peut-être **Nesua**, rivière de la Tarraconnaise (Espagne) ; Cf. Grec, *Nào*, couler ; *Nestis*, nom de l'eau chez Empédocle ; **Neste de Louron ; Neste d'Aure ; Neste de Couplan**, etc., vallée de la Neste (H.-P.) ; **Nestièr** (H.-P.), **Nistòs** (H.-P.) ; **Pont de Nest**, aujourd'hui **Pont d'Espagne**, au confluent des gaves de Marcadau et de Gaube ; **Port de Nèst**, canton de pâturages (vallée du Marcadau).

V. *Gave.*

NÈU, f. — Neige, grand glacier.

Las Nèus ou **Glacier de Nèu Biélhe**, grand glacier du Pic de Bat-Laytouse ; **Pic de Néu Biélhe** (neige vieille, dans le sens de permanente, éternelle), massif au Sud-Est de Barèges.

NEUÈRE, f. — Nèvé, petit glacier.

V. *Nebère.*

Neuère det Païs Bach, vallée d'Orédon.

NHEBRÈ, m. — Génevrier.

V. *Gimbre*, etc.

NHESTA, m. — Lieu peuplé de genèts.

NHÈSTE, f. — Genêt.

V. *Yéste* ou *Gèste*, etc.

NOUT, m. — Nœud.

NOUGUÈ, m. — Noyer, arbre.

OÉLH, m. — Œil. Ce mot est souvent employé pour désigner le point d'émergence d'une source, le trou d'où sort le ruisseau. (Cf. l'arabe *Aïn*.)

V. *Uélh* et *Goélh*.

Lac det Oélh Nère. Cad. de Betpoucy, vallée de Barèges ; Oélh det Néez, près de Rébénacq (B.-P.).

OÉLHE, f. — Brebis.

V. *Aulhe (Aolhe), Oulhe, Oulhe.*

OÉY.

V. *Oélh.*

OM, ancien.

V. *Oum* et *[H]om.*

ÒRRI (écrit à tort ORI) et ORRY, m. — 1° Cabane de bergers ou de pâtres ; 2° Fromagerie ; habitation rustique formées de pierres sèches, d'un toit de branchages entrelacés et de mottes de gazon, sans fenêtre, avec une baie ouverte servant de porte ; 3° En Catalogne, temps où l'on fait le fromage. — Ce terme est très répandu dans la Haute-Ariège languedocienne, dans les hautes vallées confluant à Tarascon. — Étymologie : le latin *horreum* « grenier, grange ».

ÒRT, m. — Jardin, terrain clos cultivé.

V. *[H]òrt* et *Ourtèt*, m., dim.

ÒSCA, ÒSQUE, f. — Petite brèche.

OUSCADE, f. — Augm. de *Òsque.*

OULADE, f. — Augment. de *Oule.*

OULE, anc. OLE, f. — Pot, marmite. Dans l'onomastique pyrénéenne : cuvette, bassin, cirque, bas-fonds, creux entouré de montagnes.

Turoun deras Oules, sur le flanc du Pic des Bains, à l'Est de Cauterets ; Oula dera Talhante, vallée de Lutour ; Oula det Mayourét,

vallée de Lutour ; Oule de Gabarnía, Gavarnie ; Oule de Troumouse ; Oule d'Estaubé ; Còt de la Oule, vallée d'Aspe.

OULÉTE, f. — Dim. de *Oule*. Bas-fonds où se trouvaient jadis de petits lacs aujourd'hui comblés par les éboulis des montagnes voisines.

Oulétes du Vignemale ; Col des Oulétes ou Col de la Hourquéte ; Oulétes de Gaube ; Oulétes d'Ossoue ; Ouléte de Buè, région supérieure d'Estom Soubiran, versant du Malh Arrouy ; cf. le village d'Olette (Pyrénées-Orientales).

ÒULHE, OULHE, f. — Brebis.

V. *Aulhe.*

OUM (OM), m. — Orme, ormeau. *Ourmèu*, est la forme béarnisée dù français « Ormeau ».

V. *Aume* et *[H]om.*

OUMET, m., OUMÉTE, fém. — Dim. d'*Oum*. Petit ormeau.

OUMBRE (anc. OMBRE), et OUMPRE, f — Ombre.

OUMBRÈ, m. — Versant opposé au soleil.

V. *Soula, Capassou.*

OUROUNYE, f. — Agaric oronge, champignon.

OUS (écrit anc. OOS et OS), m. — Ours.

OURSÈ, adj. — Qui est de l'ours, qui appartient, qui ressemble à l'ours.

OURTIGUE, f. — Ortie. (On écrit quelquefois avec H initiale, par fausse analogie avec *hòrt* « fort ». Latin *Urtica*.)

OURTIGUÈRE, f. — Lieu où il y a des orties.

PABOU, m., PABE, PABÉSSE, f. — Paon. Plus souvent, coq et poule de bruyère.

V. *Pau.*

PACHÈRE (anc. PAXÈRE), f. — Barrage, digue ; rigole.

PADOÉNCE (PADOÉNSA), f. — Droit de pacage.

PADOÉNT (ailleurs padoénc), m. — Pacage.

PAGUÈRE, f. — Pièce de terre exposée au nord. Dans les montagnes : couloir d'avalanches.

V. *Oumbré, Ubac,* etc.

PAHUS, m. — Terrain où les eaux disparaissent et sourdent à nouveau, marécage.

PALADE, f. — Augm. de *Pale* (v.) Longue lande de prairie.

PALANGUE, PALANQUE, f. — Passerelle ; barrière d'un champ.

PALÉNC, m. — Pieu, série de pieux formant palissade.

PALENCAT, PALENGAT, m. — Palissade.

PALE, f. — Pelle, palette, endroit plat, palier. Dans un sens plus spécial, *Pála*, f. ; plur. *Pales.* Bande de pelouse entre des forêts, créée par le passage d'une avalanche. Pâturage non boisé sur le versant d'une montagne. Prairies en pentes raides très inclinées. *Cap de pales,* sommet des prairies inclinées.

PALHE, f. — Paille.

PALHAT, m. — Tas de paille, litière.

PALISSAT, m. — Palis, série de petits pieux formant clôture.

PALOUME, PALOUMBE, f. — Palombe.

Pic de Paloume, haute vallée d'Arrens.

PALOUMÈRE, f. — Lieu élevé et particulièrement disposé où l'on établit un attirail spécial pour prendre les palombes. Certains contreforts élevés deviennent parfois des palombières naturelles quand les oiseaux migrateurs qui suivent les vallées viennent accidentellement s'y buter.

Pic de Paloumères, Ariège ; Col de Paloumère, entre les Hautes-Pyrénées et la Haute-Garonne ; Pic deras Paloumères, lac de Gaube, au Sud-Est.

PALU (anc. PALUU), f. — Marais. Dim. PALUDÉTE, petit marais, terrain boueux.

PAM ou PAUM, m. — Empan (mesure valant 8 pouces 6 lignes).

PARÉT, f. — Paroi, muraille artificielle ou naturelle.

Paréts de Pinéde, vers Troumouse ; Paréts de Tauté, Asté (H.-P.) ; Montagne de Paréts, Azun.

PAREDOU, m. — Synon. de *Parét.*

PARGUIAU, m. — Basse-cour, ce qui s'y trouve ; les environs, le voisinage d'une maison.

PARGUÍE, PARQUÍE, f. — Cour, basse-cour.

PARSAN ou PARSA (PARSAA), m. — Quartier ; certaine portion de pays, de terre. — (Terme également catalan.)

PARSERIE, f. — Copropriété.

PAS, m. — Pas, passage dans la montagne assez difficile.

Pas d'Azun ; Pas du Roc (Ariège) ; **Pas de l'Aygue** (B.-Pyr.) ; **Pas det Clòt** (vers Barèges) ; **Pas de Roland** (près de Cambo) ; **Pas de Mahomet ?** (tout près du pic de Nethou) ; **Pas det Cu** (vallée d'Aspé), sentier très escarpé et dangereux où l'on passe assis.

PASSADE, f. — Comme *Pas* ou *Passadge*.

Passade de Cant, passage très difficile, escarpé, qu'il faut franchir en marchant de côté, de *chant*. **Passade d'Estòm-Soubiran** ; **Passade det Gahus** (région du Chabarrou) ; **Passades det Mayourét**, entre les vallées de Lutour et de Gaube ; **Passade Prégoune**.

PASSADGE, m., **PASSADYE**, **PASSATYE**. — Action de passer, passage, sentier de troupeaux.

PASSADÈ, m. — Rupture d'une haie livrant passage.

PASSADÉ, adj. — Par où l'on peut ou l'on doit passer.

PASSE, f. — Mot qui s'emploie pour désigner un passage.

Passe dera Brane, à l'Ouest du pic de Bat-Laytouse.

PASSÉT, m. — Dim. de *Pas*.

PASTÉNC, **PASTENG**, m. — Pâturage, pâture, fourrage.

PASTOU (anc. PASTOR), f. **PASTOURE**. — Pasteur. *Pastou* est aussi le nom du chien de berger.

PATRAQUE, f. — Labiée (plante) des montagnes.

PATRASSE, f. — Renoncule rampante.

PAU (anc. PAL). — Pieu, épieu.

PAU, m. ; **PABE** et **PABESSE**, f. — Paon et aussi coq et poule de bruyère.

V. *Pabou*.

PAUM, m.

V. *Pam*.

[1] **PÉ**. — Ce mot est parfois une contraction du mot *Poéy (Pouéy)*, hauteur, monticule, et parfois du mot *Pèyre*, pierre.

Pè Binhau (Pébignau) au Sud-Est du lac d'Estom.

V. *Pè* [2].

[2] **PÈ** (anc. PEI, PÈE), m. — Pied ; en toponymie : base.

Pè det Malh, à l'Ouest de la vallée du Marcadau. **Pè dera Badéte de Labasse**, cadastre de Cauterets.

PÉGUE, f. — Poix, matière résineuse.

PEGUÈRE, f. — Essence d'arbres qui donne de la poix. Nom d'un massif qui s'élève au S.-O. de Cauterets.

Cap de Peguèra, vallée d'Aran ; **Coumes de Peguère**, ravins et couloirs qui descendent de Peguère. **Launes det Peguère.**

PELAT, adj. — Pelé, rasé.

Mount Pelat, près de Luz.

PENATOU, m. — Quartier rocheux.

PÉNE, **PÉNA**, f. — Rocher à pic, montagne, rocher droit, escarpé, élevé. Du latin, *pinna* ; catalan, *penya* ; espagnol, *Peña* ; portugais, *Penha*, rocher. (Cf. celtique *Penn*, tête, élévation, cime.) Le nom générique *Péna* est très fréquent sur les deux versants des Pyrénées.

Pénes de Nest ; **Péne Blanque** ; **Péne Blanque d'Arrouyes**, **Péne dera Bat Male** ; **Pénes d'Aragon** ; **Lac de la Péne** (Ardiden) ; **Péne Nère** ; **Péne dets Bassòts** ; **Péne Peyrau**, vallée d'Ossau.

PENÉTE, f. — Dim. de *Pène*.

Penétes de Lau.

PERDIGALH, m. — Perdreau.

PERDIGALHÈRES, f. pl. — Lieu où se plaisent, où se retirent les perdreaux.

PERDIC, PERDITZ, PERDIX, f. — Perdrix.

PERIDÈ, m. — Précipice, abîme profond.

PETARRE, f. — Colline ; montée très raide, abrupte. (Sans doute dérivé de *Pile*.)

PETARRÒT, m., PETARRILHE, f. — Dim. de *Petarre*.

PECHÉNSE (anc. PEXENCE), f. — Dépaissance, pâturage. De *peixer*, *pèxe*, *pèche*, *pache*, paître.

PEYRADE, PEYRALADE, f. — Amas de pierres, de rochers, chaos de blocs ; chemin empierré.

> La Peyrade, amoncellement de blocs énormes, au-dessus de Gèdre, vers Gavarnie. Autre nom : *le Chaos*.
> V. *Cahos*.

PÈYRE, PÈYRA, f. — Pierre, rocher.

> Pèyre Caube ; Agulhe de Pèyre Lance ; Pèyre Nègre ; Peyraute ; Pèyre Courbe ; Pèyre Ardoune ; Pèyre Lade ; Pèyrahite ; Pèyrepòste, Pèyregude, Pèyrelade, Pèyremale, etc.

PEYRÉNH, PEYRÈGN, m. — Assises de pierres ou de rochers superposés, ressemblant à des petits murs en pierre sèche.

PEYRENHÉTS, m. pl. — Diminutif du précédent.

> Ets Peyrenhéts de la Huchòle, dans la vallée de Poéy-Trenous. Ets Peyrenhéts de Cambalès, dans le ravin de ce nom.

PEYRÉTA, PEYRINA, f. — Dim. de *Pèyre*.

PEYRÒT, m., PEYRÒTE, f. — Dérivé de *Pèyre*. Nom d'une montagne située sur la crète, entre le Pic de Gaube et le Chabarrou. — Ne pas confondre avec *Peyrehaute* ou *Peyraute*, la pierre haute, qui se prononce différemment.

PEYROUS, PEYRUT, adj. — Pierreux ; emplacement d'une moraine.

PI (anc. PII), m. — Pin.

PIARRE, f. — Forêt de pins.

PIÈ, m. — Pin.
> V. *Pi*.

PIC, m., PÍCA, PIQUE, f. — Pic ; ces trois mots expriment des nuances d'une même idée.

1º *Pic*. — Pointe de montagne ; montagnes très élevées, pointues ; sommets isolés. Beaucoup de pics des Hautes-Pyrénées sont cités dans ce glossaire.

2º *Pica* ou *Pique*. — Grand pic, montagne escarpée. (Féminin à valeur augmentative.)

> Pique Longue, sommet le plus élevé du Vignemale ; Pique Rouye ; Pique d'Endron, Ariège ; Pique de Mède, Ariège ; La Pique, Luchon ; Cap de la Pique, St-Béat.

PÍCA, f.
> V. *Pic*.

PICÁRRE, f. — Pic, pointe de montagne. Radical *Pic*, suivi d'un suffixe augmentatif-pejoratif.

> Soum de Picarre, au Sud Ouest du Cabaliros.

PICH, m. — Cascade. (Substantif verbal de *picha*). Dim et dérivés *Pichou*, *pichouse*, *picharròt* et *pichadère*. Petite cascade.

> Pich-arros, cascade de Lutour, à Cauterets ; Pic de las Pichadères, pic des cascades ou Pic de Ounze Hjòres, dans la haute vallée d'Aure ; Pich d'Ilhéu, vallon du Camp Basque ; Pich Salhént, route de Cauterets.

PICHA (anc. PIXAR), v. — Pisser ; se dit sans malice d'une fontaine, d'une cascade.

PICHADÈRES, f. pl.
V. *Pich.*

PII, m. — Pin.
V. *Pi* et *Piè.*

PIGA, f. PIGANE ; PIGÒU, f. PIGÒLE, adj. f. — Pie, blanc et noir.

PIGUE, f. — Pic.

PIGOU, m. — Nom des chiens de montagne pour la garde des troupeaux. Ils sont presque tous blancs, tachetés de fauve.

PINHADA, m. — Bois de pins, lieu planté de pins.

PIQUE, f.
V. *Pic.*

PIQUÉT, f. PIQUÉTE ; PICOU, m. ; PICOURÉTE, f. — Dim. de *Pic.* Petit pic, très petit pic.

Soum det Piquét, au Nord du pic de Viscos. Launes det Piquét, couloirs de l'arête nord du Viscos. Piquéte deras Lits, Luz.

PITANGUE, f. — Pointe de coteau.

PITE, f. — Pointe élevée de montagne, piton sur le flanc ou sur une arête.

Espita-Dessus, nom d'un quartier de Cauterets, à l'O. du Limaçon.

PIXA, PIXS.
V. *Picha, Pich.*

PLA (anc. PLAN, PLAA, PLÂ), m. — Terrain plat, uni ; plateau : plaine au fond d'une vallée.

Pla dera Gole, au sud de la vallée du Marcadau ; Pla Cardoue (vallée d'Ossau) ; Pla d'Aube ; Port du Plan (vallée d'Aure) ; Plan det Tauch (Haute-Garonne) ; Plan de Gistain, en Aragon.

PLACH, m.
V. *Plèch.*

PLAN, m.
V. *Pla.*

PLANE f., PLANÈ, PLANÉT, m. substantifs (et aussi adjectifs). — Plaine ; se dit d'un endroit où s'aplanit un terrain montueux.

PLANHÒT, m. — Petit plateau.

PLANTE, f. — Lieu planté d'arbres.
La Haute et la Basse-Plante, à Pau.

PLÉC, m. — Pli, pli de terrain. — Tournant de chemin (vallée d'Aure).

PLÈCH ou PLACH, m., PLÈCHA, f., (anc. PLEIX, PLEIXA). — Haie.

PLUMOUS, adj.
V. *Esplumous.*

POÉY ou (autre orthographe) POUÉY et POUY (anc. POY), m. — Hauteur, mont, monticule, butte, colline, tertre. *Poéy,* nom d'un grand nombre de localités. Dérivés *Puyoo, Puyou,* etc..

Poéy Caub, vallée de Lutour ; Poéy de Concé, mamelon près du quartier de ce nom ; Poéy Moúrou, nom d'un pic au Sud-Est du lac d'Estom ; Poéy Bacou, ressaut dans la vallée de Gerret ; Poéy Trenous, Poéy Herechou, à l'Ouest du Pic de Viscos ; Poéy Cau, sur le gave de Lutour.

Formes du latin *Podium* en langue d'oc : Troub. *Poig.* gascon et béarnais *Poy, Poéy.* — *Pouy, Pouj* et *Puj* en composition ; catalan *Puig ;* languedocien ou provençal *Puech, Piech, Pech, Pe, Pioch, Pio, Piue,* etc. — En vieux français, *Poy, Pui, Puy.*

PÒRT, m. et PÒRTE, f. — Passages ; pâturages, dans les environs de ces passages.

1° *Passages :* Port de la Pierre St-Martin ; Port du Marcadau ; Port d'Aratille ; Port des Mulets ; Port du Pla d'Aube ; Port de Gavarnie ;

2° *Pâturages :* Port de Serras, Port de Camp Basque. Port de Lis, Port de Gerrét, de Nèst, de Lisey, Port Cabara.

POURTALÉT, m. — Dím. de *Pourtau.*

Fort du Portalét (Urdos) ; Col de Pourtalét (vallée d'Ossau), entre Gabas et Sallent.

POUDGE, POUDYE, POUTYE, PODGE, f. — Hauteur, petit monticule. Même racine que *Pouey.*

Poudges, canton cadastral de Saint-Savin ; St-Jean-de-Poudge, canton de Garlin ; autre dans le Gers. Lou camii de la Poudge, chemin qui suit les hauteurs, en Béarn.

POUÉY, m.

V. *Poéy.*

POURTARRAS, m. — Grand port.

POURTAU, m. — Portail, entrée, passage.

Pourtau de las Agudes, à l'entrée du Cuyeu de Culaus ; Pourtau de Limouras, vallée de Lutour.

POURTÈRE, f. — Passage.

Pourtère det [H]òm, petit col sur la crête de l'Ardiden. Pourtère det Espanhòl, autre col sur l'Ardiden ; Canalòt de la Pourtère, vallée du Marcadau.

POURTÈT, m. — Petit passage.

Et Pourtèt, entre les vallées du Marcadau, d'Estain et d'Azun ; Lac de Pourtèt, même région. Pourtèt de la Hèche, entre la vallée de Bun et l'Espagne.

POURTILHOU, m. — Dim. de *Pòrt.* Petit port.

PRADARILH, m. — Petite prairie.

PRADAU, m. — Grande prairie.

PRADE, f. — Prairie.

La Prade, grand plateau ou prairie, en allant à Gavarnie.

PRADÈRE, f. — Étendue de prairies.

Pradère, prairie dans le quartier de Cayan, Marcadau ; Pradèra, promenade de Panticosa, Aragon.

PRADERÍES, f. pl. — Grandes prairies dans divers endroits.

PRADÉT, m., dim. de *Prade.* — Nom d'un quartier à l'entrée de Lutour ; nom assez fréquent dans les Pyrénées.

PRADUSCÒT, m. — Petit pré.

PRAT, m. — Pré.

Gourgue det Prat, gouffre à côté des bains du Pré, à Cauterets. Prat d'Aumède. Prat dera Moussouse.

PRÉBÉNDE, f. — Prébende. D'où PRÉBENDÈ(R), prébendier.

Cácou det Prebendè (vallée de Cauterets).

PREGOUN (anc. PREGOUND, PREGON), f. PREGOUNE, adj. — Profond.

Passade Pregoune, au sud du col de Riu.

PUNTE, f. — Pointe Nom très fréquent sur le versant espagnol.

Punta de Baldairan ; Punta del Pasino, Punta de la Muga.

PUYA ou **PUJA** (verbe). — Monter.

V. *Poéy.*

PUYADE ou **PUJADE**, f. — Montée, côte.

La Puyade, pic à l'Ouest du Soum-Haut et de Gèdres.

PUYÒ (PUYOO), m. — Éminence, hauteur. Même mot que *Pujò* ou *Pujòl*, et dérivé de *Pouey. Puyò* désigne en particulier les *tumuli* appelés dans les anciens textes : *mondulhs*, monticules.

Puyo, nom de plusieurs localités. V. *Poéy.*

PUYOULÉT, m. — Dim. de *Puyo.*

QUÈBE, f. — Creux de rochers, grotte ; abri de pasteurs.

> V. *Cácou, Còbe,* etc.

QUÈR (quelquefois écrit KER), m. — Rocher. Terme surtout ariégeois (Conserans) : *Querbelhè, Quer Marti, Kercabanac,* etc. Se retrouve-t-il dans *Kersan,* bois à l'Ouest de Mauvezin de Capvern ?

QUÍNTA, QUÍNDA, f. — Pli de terrain, creux, ravin.

QUIRAULE, f. — Couleuvre.

QUOAYRAT, adj. — Pierre anguleuse, carrée ou à quatre faces, pierre de taille.

> V. *Cayre, quoayre* (ou *coayre*).
>
> **Pic Qùairat** près Luchon, et non Cayrat : ce pic a la forme d'une pyramide quadrangulaire.

QUOAYREHOURC (anc. QUOAYREFORC), m. — Carrefour.

QUOAYROÈRE, f. — Carrière de pierres.

R

Régulièrement, les mots commençant en latin par *R* commencent par *Arr* chez nous. Les chercher donc à la lettre *A.* Toutefois, comme ils perdent l'*a* initial après un mot finissant par une voyelle ou par une *n,* et qu'en français leurs **transcriptions commencent souvent par** *r,* nous indiquons ici bon nombre de formes avec *R* initiale ; quelques-unes même sont pour *Hr.* (V. *Rèchou, Roumènt.*)

RABIÉT, ARRASIÉT, m. — Patience sauvage.

> **Col du Rabiét.**
> V. *Arrabiét.*

RALHÈ, m.

> V. *Arralhè.*

RALHÈRE, f. — Éboulis, roches détachées des flancs ou des sommets et roulées plus ou moins profondément.

> **La Raillère** (plus correctement la **Ralhère**), établissement thermal de Cauterets dont la source jaillit au milieu d'éboulis de rochers descendus du Péguère.
> V. *Arralhés, Arralhères.*

RALHOUS, adj. — Plein de raillères.

> V. *Arralhous.*

RÈCHOU, m.

> V. *Herèchou (Hrexo).*

RÉD, f. **RÈDE** (pour *Hréd* ou *herét, Hréda* ou *heréde*), adj. — Froid, froide.

> **Pic de Hount Hréde,** vallée de Lutour ; **Hountaréde, Hounréde** (Basses-Pyrénées).

REDOUN, adj. — Rond.

> V. *Ardoun.*

RENART, m. — Renard.

> V. *Arrenart.*

RIBE, f. — Rive.

> V. *Arribe.*

RIBÈRE, f. — Rivière, c'est-à-dire rivage, ou plaine bordant les cours d'eau.

> V. *Arribère.*
>
> **Ribère de Sent-Sabi, Ribère de Dabant-Aygue,** vallée d'Argelès. Cf. **Rivière-Basse** (H.-P.), **Rivière-Ousse** (H.-G.), **Rivière-Verdun** (T.-et-G.), etc.

RIÉU, m. — Ruisseau.

V. *Riu* et *Arriéu*.

RÍU ou RIÉU, m. — Ruisseau.

V. *Arriu*.

Ríu Tou ; Ríu Cla ; Ríu Nè ; Ríu Tòrt.

RÒC, m. — Rocher.

V. *Arròc*.

Ròc Agut, vallée de Lutour.

ROUNDÉLH, m. — « Quartier », division d'une terre plantée de vignes ou d'autres plantes.

RÒQUE, f. — Rocher.

V. *Arròc* et *Arròque*.

Ròque Agude, pointe rocheuse, versant Est de la vallée de Lutour.

ROUME, anc. ROME, f. — Ronce ; par extension muraille, clôture faite avec de grosses pierres superposées.

ROUMÉNT, HOURMÉNT (anciennem. ROMÉNT), m. — Froment.

ROUMENTA, ROUMENDA, m. — Champ dé froment.

ROUMERINE, f. — L'herbe de froment qui point.

ROUMIGUE, f. — Fourmi.

V. *Arroumigue, Hourmigue*.

ROUMIGOUS, m. pl. — Endroit planté de ronces et endroit rempli de fourmilières.

V. *Roume*, ronce ; *Arroumigous* et *Hourmigous*.

ROUMÍU, ARROUMÍU, subst. et adj. — Pèlerin, ou de pèlerin. Le nom de *Roumíu* s'appliquait à tous les chemins suivis, depuis le ixe siècle, par les pèlerins. Les routes de ce genre étaient bordées de commanderies, d'hôpitaux ou auberges. (La Roumieu, pour l'Arroumieu, Gers.)

ROUS, ARROUS, f. ROUSSÉ, ARROUSSE, adj. — Roux.

ROUY, ROUYE, adj. — Rouge.

V. *Arrouy*.

Tuque Rouye, brèche à l'Est de Gavarnie. **Péne Blanque de Rouyes.** Quartier de **Rouyes**, versant du Cabaliros. **Aygue-Rouye**, nom d'un quartier à l'entrée de la vallée de Luz.

ROUYÉT, adj. — Dim. de *Rouy*.

Pic Arralhè Rouyét. Tuc Rouyét. V. *Arrouyét*.

S

SA ou S', f. ; SAS, pl.

V. *Se*.

SÁBIE, f. — Sauge.

SABLA, SABLAT, m. — Rive couverte de sable. Dim. *Sablét*, menu sable, sablon.

SABUQUÈ ou SABUQUIÈ, m. — Sureau.

V. *Sauguè, Chauquè, Sahuquiè, Sahuc*.

SAGÉTE ou SAYÉTE, f. — Flèche.

La Sagéte d'Aule, Pic de la Sagéte. **Pic de Belle-Sayette (Bèro-Sayéto)** entre la vallée de Louron et la haute vallée d'Oo.

SAHUC, m. — Sureau.

V. *Sauc, eschéu, chéuque, sauguè, sahuquè, Sahuquiè*.

Sahuc, quartier au fond de la vallée du Camp Basque. **Culaus de Sauguè**, quartier de montagnes au Nord de Gavarnie.

SAHUQUIÈ, m.

V. *Sahuc*.

SALÈ, SALIÈ, m. — Salière, petit sac à sel des bergers ou endroits où ils donnent le sel à leurs troupeaux, souvent sur les rochers.

V. *Salières, Saliadét, Salies.*

SALHÉNT, SALHIÉNT. — Jaillissant de *Salhi (salhir)*, jaillir, sortir.

> Pich Salhént, écrit parfois **Pichalhén**, cascade jaillissante, au Sud-Ouest du Limaçon, route de Cauterets.

SALHÈT ou **SALHÈYT, m.** — Grève plantée d'osiers, saussaie.

> Salhèt de La Barrère, quartier sur les bords du gave, en dessous du Cancéru, près Cauterets.
> V. *Saliga, Saligue.*

SALIADÉT, m. — Endroit autour des *cuyéus* où l'on donne le sel au bétail.

> Ets Saliadéts de Lutour ; det Clòt de Cayan, det Cuyéu de Lis.
> V. *Salè.*

SALIES, ASSALIES, f. pl. — Lieu où l'on distribue le sel aux bêtes à laine, sur les montagnes ; il est marqué par un grand nombre de petites dalles. (Même mot que le français *salines*, dont il a le sens dans *Salies-de-Salat* et *Salies-de-Béarn*.)

> V. *Saliadét* et *Salè.*

SALIGA, m., SALIGUE, f., SALIGUÈ, m. — Saule, saussaie, oseraie.

> V. *Salhèt, Salhèyt et Sauçéda.*

SARRÁDE ou **SERRADE, f.** — Série de hauteurs, crêtes dentelées, ressauts, sur le flanc d'une montagne.

> V. *Sarrat* et *Sèrre. Malhade dets Sarradés*, à l'Ouest de Gavarnie.
> V. *Malhade.*

SARRADETOU, m. — Dim. de *Sarráde*. Nom donné à des corniches, vallée d'Estaubé.

SARRAILH, m. — Enclos ; quartiers enserrés par une chaîne, une crête.

SARRAT, m. — Crête, arête étendue ; série de hauteurs plus ou moins dentelées ; petit plateau élevé. Au pluriel *Sarrats* ou *Sarròts*, les deux éminences entre lesquelles se trouve une colline ou un vallon, dans le haut des montagnes.

> Sarrat det **Mount**, crête de Cancéru à la Baserque, et à Pène Nère. **Sarrat Broucous, Sarrat Mouzét**, entre les pics de Soulom et de Viscos. **Sarrat det Yèr**, quartier de Catarrabes, vers les prairies (yerms) du Cabaliros. **Sarrat dets Còyes**, hameau de Cauterets.
> V. *Serres.*

SARRATCH, m. pl. SARRATS (Barousse). — Comme *Sarrat.*

SARRE, f. — Comme *sèrre.*

SARRÒT, m.

> V. *Sarrat.*

SÁRRI, m. — Isard. Comminges, *izart ;* lang. et catalan *sicart.*

SARRIÉ, f. SARRIÈRE, adj. — D'isard, où il y a des isards.

> La Péne Sarrière, près des Eaux-Bonnes.

SARROUS, m. pl. — Épinards sauvages.

SARROÈRE, adj. — Endroit où il y a beaucoup d'épinards sauvages. Ils abondent généralement autour des cuyéus, où le terrain est fumé par le bétail.

> Lit Sarroère, nom d'un couloir d'avalanche à l'Ouest du Clot de Cayan.

SAUBEMAY, f.

> V. *Seubemay.*

SAUBETAT, f. — Salut, sauvegarde, « sauveté ». Privilège accordé à certaines localités ou vallées, dans les limites desquelles quiconque se réfugiait ne pouvait être inquiété, dans le cas d'un dommage causé à autrui. Seul le comte ou le vicomte pouvaient rendre justice aux intéressés.

> La Saubetat, village en Ossau, etc.

SAUGUÈ, SAUQUÈ, m. — Sureau.

> Montagne de Sauquès (Laruns), jadis appelée Sahucx. Culaus de Sauguè, quartier do montagnes au Nord de Gavarnie.
> V. *Sahuc* et *chauquè.*

SAUGUÈRE, f. — Endroit planté de sureaux.

SAUQUÈ, m.

> V. *Sauguè.*

SAUS (anc. SAULX, m.). — Saule. Languedocien *Sauze.*

> V. *Saliga, Saligue, Salhèt* et le suivant.

SAUCÉDE (ou SAUSSÉDE), f. — Saussaie.

> Saucéde, commune au bord du Gave d'Oloron. Col de Saucéde, entre Eaux-Bonnes et Arrens.

¹ SAUT, m. — Saut. Dépression de terrain.

² SAUT, m. — Bois. Cf. latin *Saltus.*

> Saut de Monein (Basses-Pyrénées) ; Etsaut (ou Atsaut), commune de la vallée d'Aspe (article *Et*) ; Le Sault, dans l'Aude.

SE ou S', m. ; SES, pl. — Ancien article venu de *ipse.* Se trouve dans un grand nombre de noms de lieux et de noms de famille.

> V. *Sa.*

SÉC, m., SÉQUE, f., adj. — Sec.

> Arríu Séc, dans la haute vallée d'Estain, et à Laruns.

SEQUÈ, f. — Endroit ensoleillé, sec, où sèche le linge.

> Quartier det Sequè, à Cauterets.

SÈDE (anc. SEDER), ASSÈDE, v. — Asseoir.

> Pic de la Sède (ou Cèbe) au Nord de la Hourquéte du Vignemale.
> V. *Cèbe.*

SEGAS, m. — Augm. de *Sègue.* Voir ce mot.

SEGASSA, m. — Lieu rempli de ronces, une ronceraie.

> V. *Sègue.*²

¹ SÈGUE, ARRESSÈGUE, RESSÈGUE, f. — Scie.

² SÈGUE, f. — Broussaille, ronce.

SÉLH, m. — Névé, endroit rempli de neige.

> Sélh dera Baco, près Luchon.
> V. *Sernélhe.*

SÈNDE, f., SENDÈ (anc. SENDÉE), m., SENDÈRE, f. — Sente, sentier.

> V. *Sénte.*

SENDERÒLE, f., SENDERÒT, m. — Dim. Étroit sentier.

SÉNTE, f. — Sentier.

> V. *Sénde.*

SÈP, m. — Haie, clôture.

SERNÉLHE, f. — Étendue de neige, névé.

> V. *Cernélhe* (orth. meilleure) et *Sélh.*

SÈRRA ou SÈRRO, f. — Crêtes, cimes.

> V. *Sèrre* et *Sarrat.*

SERRADE, f. — Collines.

> V. *Sarrade.*

SÈRRE, f. — Colline élevée.
(Du latin *serra, scie,* au figuré.)

> Sèrre Mouréne, dans la vallée de Héas, cirque de Troumouse. Era Sèrro, la grande crête dentelée, au Sud du pays de Luchon.
> V. *Sarre* et ses dérivés.

SÉUBE, f. — Bois, forêt. Dim. SEUBÒLE, f.

La Seube, nom de plusieurs localités dans les Pyrénées. **Pic de la Séube de Soulòm.**

SEUBEMAY, SAUBEMAY, m. — Chèvre-feuille.

V. *Mateseube.*

SEUQUÈRE, f. — Lieu planté de sureaux.

V. *Sauguère, Sahuc,* etc.

SOU (anc. SOO), m. — Soleil.

SOUBIRA ou SOUBIRAN (anc. SOBIRA, SOUBIRAA), adj. — Souverain, supérieur.

Lacs d'Estom Soubiran, au-dessus et au Sud du lac d'Estom (Lutour). V. *Jusan.*

SOUBIROU (anc. SOBIRON, SOBIROO), adj. — Supérieur ; au-dessus, au Sud, vers les Pyrénées.

V. *Jusou.*

SOULAN, SOULAU, f. — Parties de terrain exposées au soleil, au midi.

Village de Soulan (v. d'Aure, etc.) ; **Solana de Izas** (Aragon) ; **Soularra,** au Sud du lac de Cestrède.

SOULANHÉT (SOULAGNÉT), m. — Petit quartier exposé au soleil.

SOUM (anc. SOM), m. — Sommet, le haut, la partie la plus élevée. Mot très fréquent dans la toponymie.

Soum de Liar, Soum deras Agudes, Soum d'Aspé, Soum d'Arrouyes, etc.

SOUMERIQUÉT, m. — Petit point culminant, petite cime.

SOURROUNE, f. — Pente raide vers un ravin profond.

SOUSTRA, m. — Terrain couvert d'ajoncs et genêts, genétière.

SOUSTRADE, f. — Ajoncs, genêts, sur pied ou en tas, litière.

SOUSTRE, m. — Ajoncs, fougères et genêts.

SPLUMOUS, ESPLUMOUS, SPUMOUS, adj. — Écumeux, écumant.

V. *Espumous.*

SUBERPART, f. — Côté d'en haut, dessus, au-dessus.

SUS (anc. SUUS) ; SUSOU (anc. SUSOO).

V. *Jus et Jusou.*

T

TALABÉNT, m. — Versant abrupt de coteau.

TACHOÈRES, TACHOUÈRES, f. pl. — Tanière du blaireau, lieu où il y a des blaireaux.

TACHOU, m. — Blaireau. On dit aussi *tachoun* et *techoun.*

TALHA (TALHAR), v. — Tailler, trancher, couper. On dit aussi *talhanta,* *estalhanta.*

TALHADE, f. — Taillade, incision, entaille, coupure.

La Talhade, col entre les montagnes d'Arette et de Ste-Engrâce (B.-Pyr.). **Le Pic d'Eres Talhades** de la vallée d'Arrens est 20 mètres plus haut que le **Gabizó,** son voisin. **Péne Talhade,** à l'Est du **Bergons.**

TALHANT, part. prés. de *Talha,* couper, tailler.

La Talhante, quartier de montagnes à l'Ouest de la vallée de Lutour, près du pic **Meya.**

TANQUE, f. — Quartier.

TAPIE, f.

V. *Tepè*.

TARRÒC, m. — Motte de terre.

V. *Terrè, terruc* et *turre*.

TASQUE, f. — Motte de terre gazonnée.

TAULAT, m. — Étai.

V. *Taulèt*.

TAULE, f. — Table.

TAULÈT, m., TAULÈTES, f. pl., TAULAT, m. — Banc de rocher.

TAUSIA, m. — Lieu où il y a des chênes tausins. *Tausi (tausin, tausi)*, chêne blanc. Bois futaie.

TECOÈRE, f. — Petite plaine, plateau, en pays de collines, de montagnes.

TÉDE, f. — Morceau d'éclat de pin qui sert à éclairer les bergers et les montagnards dans les cabanes.

TEMBLA ou TEMPLA, m. — Plateau gazonné sur le versant des montagnes ; flanc de montagne gazonné sur une vaste étendue ; tertre, pente de coteau.

Et **Templa**, à Burbe, près Luchon.

TENÉLH, m. — Lieu où le soleil darde ses rayons ; séchoir.

TENEMENT, m. — Tènement. (Mais s. d. mot vieilli.)

TEPÈ, m. et TAPÍA, f. — Tertre, monticule, colline, ressaut de terrain.

TÈRME, TÈRMÉ (e fermé atone), f., **TÈRMI, m.** — Borne, limite ; quartier qui sert de bornage à une montagne.

Pla dera Tèrme, Cabaliros.

TERMIAU, fém. TERMIALE, adj. — Qui indique, qui marque la borne, la limite ; se dit d'un arbre, d'une pierre, etc.

TERMIÈRE, f. — Délimitation, bornage, frontière. La place de la borne d'un champ. Cf. ailleurs *termiári, termialh*.

TERRADOU (anc. **TERRADOR, TERRADOO), m.** — Terrain, terroir.

TERRÈ ou TARRÈ, m. — Coteau.

V. *Tarròc*.

TÈRRE, f. — Terre.

TERRUC, m. — Tertre. Dim. *Terrucòt, terruquét, terrucòle*.

V. *Tarròc*.

TÈSTE, f. — Tête, le haut d'une chose. *Era tèste* signifie la partie supérieure d'un champ ou d'un pré.

V. *Cap*.

TÉYT ou TÉT, m. — Toit.

THÉN, m. — Étendue de terrain, pièce de terre (lande ou bois taillis).

TIRE, f., TIRADÈRE, TIRASSIÈRE, f. augm. — Couloir utilisé par les bûcherons pour descendre le bois. R. *Tira*, tirer.

TOUCOALHES, f. pl.

V. *Toucoères*.

TOUCOÈRES ou TOUCOUÈRES et TECOUÈRES, f. pl. — Pierrailles.

Pla de las Toucoères, emplacement de l'ancien château de Cauterets. **Gangue Toucoère**, à l'O. d'Arrens.

V. *Toucou* et *Tecoère* (autre sens).

TOUCOU, m. — Petite pierre de forme arrondie comme un boulet.

TÒRT, adj. — Tors, tortu, tortueux, qui va de travers.

Arríu Tòrt, nom de divers ruisseaux dans les Basses-Pyrénées. **Arríu Tòrt**, affluent du gave de Lutour. **Arríu Tòrt**, canton forestier.

TÒRTE ou **ENTÒRTE**, f. — Flanc de montagne tortueux ; chemin sinueux, en lacets.

> **Col de Tòrte**, entre Eaux-Bonnes et Arrens. **Las Entòrtes**, les lacets du chemin muletier du Cabaliros.

TOU, (anc. TOO), m. ; **TOUE**, f. — Creux, cloaque, ravin profond.

> **Ríu Tou, Eras Toues de Cancéru**, vallée de Cauterets.

TOUDE, TOURE, TOUSE, f. — Buse, oiseau de proie.

> **Pic de Las Toudes** (H.-Pyr.), entre les pics Méchant et Camp Bielh.

TOUE, f. — Abri sous une roche.

> V. *Tou*.

TOURD, m. — Grives. Dim. *Tour- détes* (f. pl.), petites grives à tête cen- drée très répandues en automne dans certaines régions montagneuses.

> **Brèques deras Tourdétes ; Bassia des Tourds.**

TOURRADE, f. — Gelée, grand froid qui glace l'eau, congélation de la rosée.

TOURRÉNT, m. — Torrent.

TOURRENTIÉU, adj. — Torrentiel ; flanc de montagne labouré par des torrents.

TOURRÉTE, anc. TORRÉTE. — Petite tour, tourelle.

> **Turon** ou **Turoun dera Tourréte**, rocher à l'extrémité de la rue de la Raillère, à Cauterets, sur la plate- forme duquel s'élevait jadis le châ- teau de Cauterets. **Es Tourrétes de Péno-Melèro**, à Luchon.

TOURSUT, adj. — Tordu.

> V. *Tòrt*.

TOUYA (anc. TOYAR), m. — Terrain où l'on laisse pousser l'ajonc, la fougère.

TOUYE (TOYE) ou **TOUGE**, f. — Ajonc, genêt sauvage.

> Ailleurs *touyague, toujague* ou *tou- gaye,* f.

TOUYÈRE, f. — Endroit où il y a des *touyâs*, bruyères, ajoncs.

> **Cuyéu** et **Touyères de Górri**, quar- tier du haut du ravín de Catarrabes, sur la montagne de **Las Courbes**.

TRABÈS, TRAUÈS, TREBÈS, m. — Travers ; sentier traversant un flanc de montagne.

TRABESSADE, f. — Comme *Trabès*.

TRAMESAYGUES, f. pl. — Expres- sion géographique pyrénéenne. Sens proposés :

1° Entre deux eaux, *inter ambas aquas ;*

2° Confluent, *transmissas aquas ;* d'un adjectif ablatif *trambis aquis*, eaux confluentes ;

3° A côté, par côté des eaux, *Estremes. Aygues*, ce qui est une forme très régu- lière. La plupart des lieux dits *Trame- saigues* justifient cette explication.

> V. *Estrém*, côté, par côté, de côté. *Aygues*, eaux.

TRAMESBIÈS, m. pl. — Entre deux chemins.

> V. *Bie, bia*.

TRAMES BIÈLES, f. pl. — Entre deux villages.

> V. *Bièle*.

TRANHE, f., comme TIRE, TIRA- DÈRE. — Glissière de forêt ; ravin de vidange des forêts.

> V. *Tranhère*.

TRANHÈRE, f. — Endroit frayé par le bois précipité du haut d'une monta- gne.

> V. *Tranhe*.

TREMIÈRE, f. — Comme *Termière*.

TRÉU, m. — Trèfle, plante.

TRÉY, m. — Carrefour sur une place ; nom de quelques places à raison de leur aspect.

TRÒC, m., TROUCADE, f. — Montagne échangée.

TROUMAQUÈRE, f. — Amoncellement de roches, éboulis.

TUC, m., TUQUE, f. — Tertre, coteau, sommet, cône.

Tuc dets Mounges, Tuque det Arríu Né, à l'Est de la vallée de Lutour ; **Tuques Arrouyes**, à l'Est du lac de Gaube ; **Tuque Rouye ; Tuque Male ; Soum deras Tuques**, au-dessus du village de Saligos (Luz) ; **Tuque de Batan**.

TUCAU, m. — Augm. de *Tuc.*

TUCÓ, TUCOU, TUCÒT, TUCOULÉT, TUQUÉT, m. — Dim. de *Tuc.*

TÚFFA, anc.

V. *Túha.*

TÚHA, TÚFFA, f., TUHÓ, m. — Touffe, toupet, huppe ; petit mamelon, touffu, boisé.

Tuhòs, m. pl., petits mamelons au-dessous d'Estibe-Haute (Lutour).

TUQUE, f.

V. *Tuc.*

TÚRMOU, m. — Grand rocher.

TUROUN, TUROU, m. — Mamelon, tertre, monticule, petite élévation, motte de terre. Mot très fréquent dans la toponymie du Béarn et dans nos Pyrénées. Francisé sous la forme « turon ».

Turoun de la Croutz ; de Tournaró ; de Labarrère ; de Mey Mount ; de Sanjo ; de Cautaré ; dera Tourréta ; dera Oule.

TUROUNÉT, TUROUNCOULÉT, m. — Dim. de *Turoun.* Petit, très petit tertre.

TURRO, f. (luchonnais). — Motté de terre. Dim. *Tourròc*, m.

TUSQUE, TUSTE, f. — Touffe, assemblage de plantes, d'arbustes, de branches.

La Tusque, ou **La Tusque det Malh**, sommet à côté du **Soum det Malh**, à l'Est de la chaine qui descend du Malh Arrouy, vers Gèdre.

TUT, m. — Trou, petite tanière.

TUTE, f. — Tanière, caverne, abri sous roche, trou, repaire.

Era Tute det Ous.

U

UBAC ou UBAG, m. ; UBAGUE, f., d'où l'adj. AUBAGUE. — Nord, endroit exposé au Nord. Cf. lang. *ubac*, prov. *uba*, cat. *ubach*, revers d'une montagne, le côté exposé au Nord.

V. *Oumbrè ;* et inversement *Soula, Carassou, Capassou*, face au soleil.

UCHE, f., UCHOU, m. — Huche, coffre.

V. *Huchou.*

UCHÉT, m. — Porte (huis).

UÉLH, m.

V. *Oélh*, dont ce n'est qu'une autre orthographe.

UOU, m.

V. *Eou.*

USCLAT, USCLADIS, adj. — Brûlé, roussi par le soleil. Participe passé de *uscla.*

Lou Poéy Usclat (H.-Pyr.), la montagne brûlée.

V. — Le *V* latin est passé à *B* dans presque tous nos dialectes (toutefois, le son du *V* français existe, après une voyelle ou une consonne douce, dans la Haute-Barousse et dans la vallée d'Oueil). Mais l'on a continué longtemps d'écrire *V*, tout en prononçant *B*. Nous ne citerons ici que quelques vieilles formes encore employées avec *V*, il conviendra de chercher tout le reste à *B*.

VÁCA ou VAQUE, f. — Vache.

    V. *Baque.*

VIALER (auj. BIALÈ), m. — Village de banlieue.

    Commune de Vialer (vallée d'Argelès).

VIC, m.

    V. *Bic.*

    Vic-Bigorre ; Vic-Fézensac.

VIE, f. — Voie, chemin.

    V. *Bie.*

VINHAU (anc.), m.

    V. *Binhau. Vinhe.*

VINHE, f. — Ancien mot, aujourd'hui disparu, mais dont on trouve encore le radical dans certaines dénominations, avec l'idée de hauteur, d'élévation. Origine peut-être celtique. Cf. le français, *bigne,* tumeur ; et le v. fr. *beugne,* enflure, bosse. Ce mot n'a d'ailleurs rien de commun avec *vinhe,* vigne, que nous ne trouvons point dans la toponymie de nos montagnes. Vignemale, s'explique s. d. par *Vinhe* et *Male* « mauvaise ». Cf. à Luchon.

    Es Binhes de Bòneu, etc.

Y

Y. — V. la note en tête des lettres J et G. Se reporter au besoin aux lettres I, J et G.

YAS, m. ; YASSE, f. — Gîte, refuge, couche.

    V. *Ayas* et *Jas.*

    Yas d'aulhes, abri des brebis ; **Yas de lèbe,** trou ou gîte du lièvre. Le fém. *Jasse* est très usité dans la Haute-Ariège, pour les pâturages où séjournent les bestiaux.

YASSÉTE, f. — Le petit gîte, l'endroit où le bétail se couche. Dim. de *Yas.*

    V. *Ayassèt.*

    Estibe dera Yasséte, quartier de montagne à l'Ouest de la vallée de Lutour. **Pic dera Yasséte.**

YÈGA, YÈGUE, anc. ÈGOA, ÈGOE, ÈGUE, GÈGOA, JÈGOE, JÈGUE, f. — Jument.

    Còt dera Yègue, col de la jument, entre le pic de Laytugouse et les Pénes de Nèst. **Coume dera Yègue,** à l'Ouest de la vallée du Camp Basque, avant la cascade d'Ilheou. **Turoun dera Yègue,** ressaut sur le flanc du Cabaliros.

YÈR, YÈRM, m. — Grange et prairie sur les montagnes où l'on conduit les troupeaux au printemps et à l'automne.

    V. *Germ* et *Gèr.*

    Sarrat det Yèr, crête qui monte de Catarrabes vers les prairies du Cabaliros. **Ets Yèrs det Camp Basque. Yèrs de Sèrres,** etc.

8.

YÈRLE, f. — Ilot.
V. *Irle* et *Ièrle.*

YÈRM, m.
V. *Yèr.*

YESTA, m. — Lieu plein de genêts.
V. *Nhèste,* etc.

YESTOU, m. — Fleur jaune du genêt.

YOUNC, YUNC, m. — Jonc.
V. *Junc.*

YOUNCA, YUNCA, m. — Terrain marécageux, terrain à joncs.

YOURDOU, m. — Framboise.
V. *Jourdou.*

YOURDOA, m. — Framboisier.
V. *Chourdoè, Chourdoasse.*

YUNC, m.
V. *Younc.*

YUNCA, m.
V. *Younca.*

YUNCARRA, m. — Terrain où croissent les jones.

YUNQUÈRE, f.
V. *Yuncarra.*

YUNT, adj. (et subst.). — Joint.
Aygues-Yuntes, confluent.

YUNTÈ, m. — Confluent.

ERRATA ET REMARQUES

P. 35. — *Pla* au lieu de *Plâ*.
    Péne au lieu de *Pène*.

P. 38. — *Aolha* : supprimer le V. devant brebis et le mettre entre parenthèse après *Aulhe*.

P. 39. — *Arralhous* signifie aussi : plein de raillères.

P. 39. — Pour *Arrenart*, voy. *Boup*, mot plus ancien, et plus fréquent dans les noms de lieux. *Las Boupères, Las Boupatères, La Loubère.*

P. 39, col. 2. — Lire : *Larribét*.

P. 40, col. 1. — *Arrous*. Lisez : buée de l'eau tombant en cascade.

P. 45, col. 1. — Lisez : *Bénque*.

P. 50, col. 1. — *Plà Cardoè*, l'accent sur l'*a* dans *Pla* est inutile.

P. 65. — Les deux *Goélh* font double emploi.

P. 66. — *Gourri*. L'accent circonflexe est inutile sur l'*i*.

P. 70. — *Herrat*. Lire : adj. — De fer.

P. 72. — *Hourquét*. Lire : *Hourquéte d'Arralhè*.

—◄■►—

PAU, IMP.-STÉRÉOTYPIE GARET. — J. EMPÉRAUGER, IMP.